U0488332

定窑里的传统文化

九色定瓷

定窑里的传统文化

沙家枥◎著

群言出版社
QUNYAN PRESS
·北京·

图书在版编目（CIP）数据

九色定瓷：定窑里的传统文化 / 沙家栃著 . -- 北京：群言出版社，2024.4
（定窑里的传统文化）
ISBN 978-7-5193-0864-3

Ⅰ. ①九… Ⅱ. ①沙… Ⅲ. ①定窑—瓷器（考古）—研究 Ⅳ. ①K876.34

中国国家版本馆 CIP 数据核字（2023）第 164603 号

责任编辑：孙平平　宋盈锡
特约编辑：舒子原
封面设计：逸品书装设计

出版发行：群言出版社
地　　址：北京市东城区东厂胡同北巷 1 号（100006）
网　　址：www.qypublish.com（官网书城）
电子信箱：qunyancbs@126.com
联系电话：010-65267783　65263836
法律顾问：北京法政安邦律师事务所
经　　销：全国新华书店

印　　刷：北京尚丞印刷科技有限公司
版　　次：2024 年 4 月第 1 版
印　　次：2024 年 4 月第 1 次印刷
开　　本：889mm × 1194mm　1/16
印　　张：20.75
字　　数：260 千字
书　　号：ISBN 978-7-5193-0864-3
定　　价：298.00 元

出版说明

2023 年 6 月 2 日，中共中央总书记、国家主席、中央军委主席习近平在北京出席文化传承发展座谈会并发表重要讲话。习近平总书记在讲话中指出，要“深刻把握中华文明的突出特性”“深刻理解‘两个结合’的重大意义”“更好担负起新的文化使命”。10 月 7 日至 8 日，全国宣传思想文化工作会议在京召开，会议强调，要“推动中华优秀传统文化保护传承”“增强中华文明传播力影响力”。

在此书的编校过程中，我们认真学习了以上重要讲话精神。《九色定瓷——定窑里的传统文化》以作者个人藏品和多年的研究为基础，向大众读者介绍不同历史时期的定窑瓷器的外观特征、工艺传承和文化典故，旨在传扬中华优秀传统文化，让“中华优秀传统文化成为现代的”。

书中观点是作者个人多年收藏、研究定窑过程中的理论和经验积累，如有疏漏之处，敬请读者指正。

2024 年 1 月 2 日

迷仙引·九色定瓷

玄若冥冥，青亦莹莹，绿比潭绮。

酱赭隋萌，苔斑神点弥荟[①]。

耀变稀、钧变贵，兔毫星辰萃。

乌亮沥线奇，双色清绝，山峦层翠[②]。

旷世葡萄紫。宋末姜黄璀。

熠绞胎嵘，高温朱络窑中锐[③]。

褐印刻、仁宗现翡[④]。

定窑何九色？观之欲醉。

大意：黑色黝黝，青色莹莹，绿定若潭水般丝绮。酱釉初见于隋代，釉面常常隐现苔斑；窑变釉极为稀少，钧釉也很珍贵；兔毫更是像星辰一般璀璨闪耀，堪称孤品。乌黑的釉下装饰着沥粉，犹如黑釉镶嵌着金丝，非常奇特；内外不同的双色釉清新绝伦；釉面的薄厚犹如山峦起伏层叠映翠；紫定的罕见，前无古人后无来者，那是一种偶然形成，金代的姜黄釉另辟蹊径，光滑滋润；定窑的绞胎罕见而艳丽，熠熠生辉；高温铁红釉的奇遇，也是古今绝无仅有的存在，窑变形成的朱砂斑点散落釉中，釉面闪烁着银色油滴；褐釉的印刻纹饰叙述着北宋的独特韵味，北宋邵伯温的《闻见录》最早记载着仁宗斧劈王拱辰献给张贵妃的定州红瓷器；定窑何止九色？能让我们欣赏到它们的艳美，令人如痴如醉。

---

① 唐代定窑酱釉上常常出现的未熔融的斑点。

② 施釉不均匀形成的厚薄使得釉面有起伏高低的层次感。

③ 铁红高温窑变釉形成的自然细小类油滴锐变。

④ 定州红瓷器始见于仁宗时期的记载。

自序

历来谈论定窑者都以北宋定窑白釉器为主要谈论对象，那是时代的局限性。元代以后定窑瓷器基本上不再流行，瓷业停滞。景德镇的异军突起，形成了其几乎独占市场的局面。由于人们的审美受到元朝统治者的影响，加之中亚地区的订单，在白瓷几百年的基础上发展起来的青花、彩瓷等五颜六色、丰富多彩的品种，这些转变使定瓷不再受到追捧。但有好古之人，开始将定瓷作为收藏品。时代的洗礼、战争的践踏、岁月的损耗使得定瓷存留大幅消减，到了明代存世量岌岌可危，据统计，到了清代乾隆年间存世量也就千件有余，康熙、乾隆两代帝王的收集，进宫约有700多件，而且主要都是北宋白釉圆器类，难怪乾隆诗中有“空传紫定与黑定”之感叹，因乾隆爷以举国之力，也不曾有缘见到紫定与黑定，那是何等的珍贵啊。

至于对定窑的认识，那就更不用说了，都是因循明清好事者的记载和存世实物加以判断，所以对定窑的认识极为有限，甚至连定窑的产地都不确定。民国依样画葫芦沿袭明清旧说，1935年，为纪念乔治五世加冕25周年在伦敦举办的“中国艺术展”中，按当时专家判定，标签上明确标明定窑的产地在吉州。直到二次世界大战结束，台北故宫博物院等的产地标签依然是吉州（二十世纪五十年代修正），可想而知，当时学术界对定窑的认识程度。尽管1934年叶麟趾先生发现了定窑遗址在曲阳，并发表了论文，但话语权不在他那边。二十世纪五十年代中国考古人进一步探索挖掘曲阳遗址，发现晚唐至金代的产品残片，按《中国陶瓷史》讲：定窑创烧于晚唐，是继邢窑而起的窑口，中国改革开放四十年后，大量的基础建设开工，几乎把土地翻了个遍，先后出土了巨量的各类古物，其中也包括定窑。在“文化大革命”余韵的影响下，出土的器物都被认为不吉利，是“四旧”，不是被打烂，就是走私到海外换取外汇，也正是这个时期欧美市场出现了大量的精美古物，也是世界各大博物馆大量入手的绝佳时机。当然，国内市场也在二十世纪九十年代以后涌现出巨量古物，很多稀奇古怪的器物与《中国陶瓷史》的描述不符，专家们更没见过，被专家们确认为“臆造”。那只是我们对历史器物肤浅的认识罢了，其实定窑最早在罕，釉玄奇。描金银扣划如篦。莲花圣洁佛前供，双凫池塘月水溪。隋唐五代型丰，北宋金元饰沣。府订盈官新官，风华奉华东宫[①]，豪门寿酒五王府，易定会嵇尚药局[②]，更有朝真尚食局[③]，建中至道大定年[④]，定州花瓷琢红玉[⑤]，淡施脂粉少女肌，五彩缤纷色釉具，何止白定一花奇。定器之斑斓，非言辞所能尽者。

① 晚唐官府订烧的带“盈”“官”“新官”字款的高档白瓷，从陕西、临安等晚唐墓出土的刻款已得到验证。各宫殿订烧的器物，“风华”“奉华”“东宫”等官府的宫殿及官府款识，这里仅就原刻款而论，后刻款不在其内。

② 上行下效，富豪们也订烧自己斋号或特定需要的款识，如：“寿酒”“五王府”“易定”“朝真”“会稽”（收藏于大英博物馆）等款识。

③ 尚药局、尚食局都为官府的机构，尚药局是为宫中配药的，咸亨四年（673年）孙思邈任承务郎，执掌尚药局。尚食局是负责宫廷御宴的机构，这些机构不是宋代专属，而是历代都有。

④ 还有待纪年款的有“建中年造”（780—784年）及“至道元年”（995年）、“大定元年”（1162年）等有确切年代的标准器物。“建中年造”是目前定窑最早的纪年款，收藏于大英博物馆。

⑤ “定州花瓷琢红玉”语出苏东坡（见“试院煎茶”诗），过去都被误解为“定州红瓷器”，多年前我说，那是如同用带刻印花的定州瓷去刻划红玉（红玛瑙），来检测石玉的硬度，这从苏东坡的多处表述可以验证。《东坡志林》中道：“……真玉必须定州瓷不能伤者乃是……”的这段记载可以配合来理解，东坡是说用定州瓷来检测玉石的硬度。

目录

上篇

下篇

上篇

1　定窑的青釉

唐开国四十至六十年的官府药典《新修本草》以及《千金翼方》里就已经清楚地记载定州白瓷的药用价值。

北方的制瓷业在很早就已经形成，我们目前看到的定窑青釉作品在定州博物馆馆藏有几件，那些明显都是六世纪的作品，河北地区早已经烧出了非常出色的青瓷、色调稳定的白瓷器。如，一件素胎印花扁壶，这种印朱雀葡萄纹扁壶的时代感很强，它与 1973 年河北栾城出土的南北朝邢窑青釉印朱雀葡萄纹双系扁壶极为接近，以及一件青釉仰钟式杯，两件青釉盘口唾盂，还能看到南朝越窑青釉唾盂的影子，两件青釉、一件白釉三系弦纹罐，与河北省临城磁窑沟隋墓出土的酱黑釉四系罐十分相似，都能验证它们的时代属性和风格，毋庸置疑，定窑在六世纪已经烧造了很成功的青釉、白釉器。

六世纪的定窑青釉唾盂已然不是初创期的作品了，造型、胎釉都已经非常好了，没有百十来年的发展，不可能有这等的烧造水平。看看定州博物馆馆藏的几件以及隋唐定窑青釉凤嘴壶（参见《定窑瓷器探索与鉴赏（下）》4 页），

图 1：隋代青白釉仰钟式杯，图 2：隋代青釉高足盘，图 3—4：六世纪青釉盘口唾盂，图 5—6：三系耳青釉弦纹罐（1—6 为定州博物馆馆藏），图 7：隋代凤嘴壶，图 8：隋唐定窑青釉三系盘口瓶，图 9—10：唐代青白釉执壶，图 11：唐代三兽足瓜棱腹水盂，图 12—13：唐代定窑青釉狮型镇纸，图 14：唐代定窑青白釉瓜棱腹三足罐，图 15：唐代定窑青白釉油盒，图 16：捏裙边高足豆，图 17：十世纪青白釉刻花葫芦执壶，图 18：十世纪青釉执壶

加上红土埝地区六世纪的青瓷片，以及2010年至2016年河北考古挖掘隋代定窑遗址的发现，无疑把定窑的年代推向了至迟是六世纪。

古代唾盂后来被称为渣斗，这种唾盂早在四世纪的德清窑黑瓷就已经出现，纪年墓的瓯窑青瓷唾盂相对颈部略长些，南朝的越窑青瓷已经有装饰莲瓣纹了，再对比定州博物馆馆藏的隋代青瓷唾盂，定窑隋唐内白釉、外酱釉唾盂，隋唐定窑青釉折沿唾盂，唐代巩县窑白釉唾盂，以及隋唐邢窑白釉唾盂，我们通过器物学的对比可以清楚地看出它们的时代演变及传承。

隋唐定窑的青釉盘口三系瓶也是极具时代性的经典作品（参见《定窑瓷器探索与鉴赏（下）》8页），这种造型的壶在隋唐时期非常流行，尤其在北方地区的河南、河北。不仅如此，定窑同一时期也有生产内白釉、外酱釉的同样造型的三系盘口瓶，而且烧造非常完美，釉色纯正，与前面的双色釉唾盂一样规整，代表了初唐时期定窑青白釉、色釉的烧造水平。

我们不妨再做个对比，看看流落到欧洲的隋代青瓷三系盘口瓶的造型，七世纪河北地区青釉三系盘口瓶的造型（现藏美国芝加哥艺术学院博物馆）以及定窑青釉、内白釉外酱釉三系盘口瓶的造型，不难发现这些三系盘口瓶的时代都在六七世纪，也就是那个时代流行的时代风格。定窑在七世纪（或之前）已经成功将青釉慢慢向白釉演变，而且烧造出了青白釉和酱釉作品，还烧造出更为鲜亮的酱红釉作品，它不仅在造型上受到河南巩县窑的影响，更是超越巩县窑的产品，使用当地的高岭土，加上高超的烧造工艺，成功地创烧出中国真正意义上的“瓷器”。

唐代中期流行的三兽足瓜棱腹罐也是一种极具时代特征的代表性作品，此时，定窑不仅有青釉三兽足瓜棱腹盂，还有青白釉三兽足瓜棱腹罐（参见《定窑瓷器探索与鉴赏（下）》26页）。三兽足流行于唐代中期，晚唐渐渐改变了三兽足的模式，从三贴兽足到三立兽足的转变，可以看到当时的时代风尚。凤嘴执壶或称花浇在河北地区不算是鲜为人知的，有定窑、邢窑产品，虽然这类产品不多，但都非常典型，前几年伦敦苏富比拍卖的一件邢窑白釉花浇与此定窑酱釉花浇十分相像。

定窑的青釉发现的很少，基本上都是唐代或之前的作品，最迟的也就是十世纪的作品，从六世纪的青黄釉到透明度高的开片玻璃釉、唐代早些时候的开片青白釉，从唐代中、晚期厚实的乳浊青釉，到十世纪带刻花的薄青釉。定窑的青釉在六世纪应该是比较主流的产品。白瓷的烧造成功，使得青釉不再是主流产品，渐渐淡出人们的视野，但是仍然有少量作品问世，延续到十世纪上半叶，之后就几乎没有再见到这类产品了。

早期青黄釉，发展为透明度高的青白釉，积釉处呈冰裂纹，玻璃质感强。过去人们只认识定窑白瓷器及黑釉、酱釉，而定窑的青瓷让人不敢相信它是定窑的产品，乍看像是南方的青瓷，而又具备北方窑口的特征。这种青釉，施釉不是很均匀，釉厚处开碎冰裂纹，常有断续的垂条状积釉或漏釉，施釉不及底，釉厚处呈淡淡的橄榄青色，釉薄处呈泛青的老牙黄色，这类器物发现得较少，胎骨中的杂质透过釉层可以清楚地看到，到了中、晚唐乳浊釉的应用曾流行一段，施釉从厚到薄，但由于北方自然柴木资源的匮乏，到了北宋初年基本上已经停止使用柴木了，大概在九世纪前后开始有使用煤做燃料的，故晚唐、五代的煤窑产品也有相当的份额。因此，定窑中使用柴木原料烧造的产品也就在十世纪中期前后自然消亡了。

河北是北方最早烧制高温瓷器的省份之一，大约从北朝后期开始。北方瓷器的造型、工艺等方面明显受到南方青瓷影响，但由于南方与北方所用瓷土、釉料以及窑炉形制不同，两者在胎釉方面差异较大。

据 2017 年最新考古报告发现，河北枣树地、北镇东及唐县江家沟等三处隋代定窑遗址的发现，将定窑的创烧年代推向六世纪（黄信：《定窑考古与研究的新进展》），也推翻了我们以往的认知，进一步验证了我在二十年前的推论，再经过定窑早期作品与六七世纪考古纪年墓器物的对比，我们发现了太多的巧合，根据目前发现的定窑早期作品看，很有可能定窑创烧还要更早，早期定窑的产地也很可能在唐县一带或与曲阳接壤地区。

估计今后还有可能发现更多的早期定窑窑址，进一步还原定窑的真实原貌，我们对定窑的了解甚少，尤其受到明清文献的局限性影响，甚至一度曾误认为定窑窑址在江西吉州（二十世纪五十年代之前），充分说明了我们对定窑

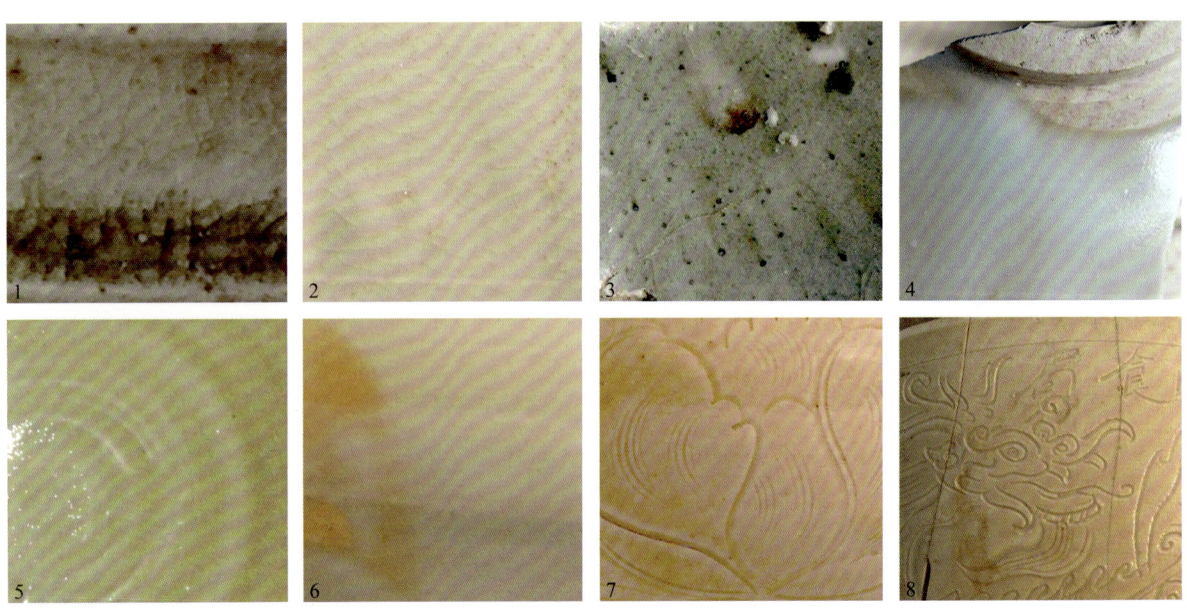

图 1：定州出土隋代定窑青釉高足盘，图 2：隋唐定窑青釉凤嘴壶，图 3：曲阳出土唐代定窑青釉残片，图 4：曲阳出土晚唐定窑青釉残片，图 5：唐代定窑青釉三兽足瓜棱腹炉，图 6：晚唐定窑青釉捏裙边高足豆，图 7：十世纪定窑青釉刻船只牡丹纹葫芦执壶，图 8：2009 年曲阳出土十世纪定窑青釉“尚食局”款残片。

认识的局限性和误解，其实定窑的第一高峰期是晚唐、五代，不管是造型还是瓷质，都可称定窑巅峰之作。而第二高峰才是北宋，那是定窑工业革命后的另一高峰，北宋中晚期定窑吸收了缂丝、纺织、装饰画等图案效果，应用到了定窑印花工艺上，成就了定窑的第二高峰，而非北宋是定窑最高峰。

过去说史书上没有记载唐代定窑的记录，那只是因为有了陆羽对邢窑的描述，人们将注意力关注到了邢窑，忽视了定窑的存在，又没有找到定窑记载，就认为定窑不存在吗？仔细考量发现早在初唐时期《新修本草》早有记载，只是后来传抄者误把定州写成广州。

《新修本草》是古代中药学著名的著作之一，于唐显庆四年（659 年）编著问世，世称《唐本草》，由苏敬主持编纂，李绩等 23 人修订。公元 713 年日本就有此书的传抄本。日本《律令延喜式》记载："凡医生皆读苏敬《新修本草》。""凡读医经者，《太素》限四百六十日，《新修本草》三百一十日。"这也说明本草对日本医学界影响之深远了。成书于唐显庆四年的《新修本草》是世界上最早的一部由国家权力机关颁布的，具有法律效力的药学专著，被认为是世界上最早出版的医药经典，它比纽伦堡政府于 1542 年颁布的《纽伦堡药典》（欧洲最早的药典）早八百多年。

现存最早的版本是二十世纪初欧洲考古学者（以传教士身份）从敦煌莫高窟掠夺的唐代手抄本残页数张，已成孤片，现藏于英国大英博物馆和法国国家图书馆。国内最早的是张氏于金泰和四年（1204 年）刻于晦明轩的，世称"金刻本"，是目前传世的最佳刻本。人民卫生出版社于 1957 年据北京图书馆所藏张氏晦明轩原本出版了影印本。其"白瓷瓦屑"条的原文如下："平，无毒，主妇人带下白崩，止呕吐，破血，止血。水摩，涂疮灭瘢。定州者良，余皆不如。"

其中有很多版本因传抄错误，人云亦云，致使"定州"被写成"广州"，隋唐广州不可能有白瓷！至少今天没有任何迹象表明广州在初唐生产过白瓷。《四库全书》本的《证类本草》卷五关于"白瓷瓦屑"条的内容，同样是"定州"而不见"广州"。

《千金翼方》，唐孙思邈撰，约成书于永淳二年（682 年），作者集晚年近三十年之经验总结，并引录《唐本草》的大部分内容，北宋时期校正医书局对其传本予以校正，并刊行全国。明朝万历年间，翰林院纂修官王肯堂奉万历皇帝之命纂刻了宋版《千金翼方》，同样是"定州"而不见"广州"。

因此"广州"肯定是传抄之误。这就清楚地看到古代传抄的弊端，一不小心就会抄错，而后人就被绕的云里雾里。日本人中尾万三从日本仁和寺得到的《唐本草》也是已经被误传的，其所临本估计已经错了，至于何时出现的误抄，现在就很难查清楚了。

世传晚唐创定器，谁知显庆[①]药典[②]孤。

敦煌本草唐抄页，思邈千金翼方殊。

北镇[③]隋唐相继出，晚唐结论属子乌。

定瓷酱色唐初显，实物胜过著述驽。

据此，大唐开国四十至六十年的官府药典《新修本草》以及《千金翼方》里就已经清楚地记载定州白瓷的药用价值，再加上近年隋代窑址的发现，出土、传世定窑隋唐造型器物与之吻合，定窑创烧于六世纪已经是不争的事实。十多年前我提出这观点时，遭到众人耻笑，当时没有仔细考证《新修本草》《千金翼方》的年代（参见《定窑瓷器探索与鉴赏（上）》第四章第二节“定窑款式与分期探讨”），但光绪三十二年（1906 年）定州发现葬于咸亨元年的李基墓[④]出土的定窑瓷器已经是一个很好的实物例证，又英国维多利亚和阿博特博物院藏品中的四兽足水盂就明确标明了“建中年造”（780—784 年），也就是唐德宗的建中年号，这是目前发现最早的定窑纪年器物，这一连串的发现无疑将定窑烧造的时间上线推向了六世纪。

我们从目前纪年墓葬出土记录可以看到二十多条五代之前的明确记录：

1.《定窑考古与研究的新进展》黄信

2. 定窑北齐论，2019 年 7 月 17 日

3.“光绪三十二年定州发现唐人李基墓，据记载：‘李基官至越州都督府长史，封敦煌县公，葬于咸亨元年四月。墓中有明器，瓷坯坚固如石，釉色莹如玻璃，色白而不滞，略如定器’。”《俑庐日札》罗振玉

4.“建中年造”（780—784 年）定窑四足模印旋纹小水盂，“英国维多利亚和阿博特博物院藏中国早期白瓷”——柯玫瑰

5. 印尼黑石号沉船（宝历二年，826 年）打捞出六万多件中国古陶瓷，数百件北方白釉绿彩器物，还有不少定窑产品，包括透雕、刻花、印花等工艺

6. 唐咸通五年（864 年），唐易县录事孙少矩墓，河北省文物研究所“河北易县北韩村唐墓”，《文物》1988 年第 4 期

7. 晚唐景福二年（893 年），河北灵寿县出土“官”字款 1 件

---

① 唐代苏敬等 23 人奉敕撰于显庆四年（公元 659 年）。

②《新修本草》是中国第一部由政府颁布的药典，也是世界上最早的药典，现在敦煌抄本仅剩几张孤页藏于英国大英博物馆、法国国家图书馆。

③ 河北曲阳北镇是定窑早期窑址之一。

④ 罗振玉在《俑庐日札》里记有：“光绪三十二年定州发现唐人李基墓，据记载：‘李基官至越州都督府长史，封敦煌县公，葬于咸亨元年四月。墓中有明器，瓷坯坚固如石，釉色莹如玻璃，色白而不滞，略如定器’。”

8. 1978 年，浙江临安钱宽夫妇墓唐光化三年（900 年）出土 15 件定窑白瓷，13 件署“官”款，1 件署“新官”款

9. 1980 年，浙江省临安县唐代水邱氏墓天复元年（901 年）出土唐代白釉瓜棱式壶，临安县文管所藏。出土 17 件定窑白瓷，3 件署“官”款，11 件署“新官”款

10. 后梁开平三年（909 年）洛阳高继蟾墓

11. 河北曲阳墓葬出土后梁贞明四年（918 年）花口钵、脉枕等。曲阳文化馆藏品

12. 辽天赞二年（923 年）阿鲁科尔沁旗宝山 M14

13. 1995 年，河北曲阳五代后唐同光二年（924 年）王处直墓，《五代王处直墓》1995 年文物出版社

14. 后唐长兴三年（932 年）福州王审知墓

15. 江苏省五代吴大和五年（933 年）王氏墓“五代吴大和五年墓清理记”出土 14 件完整定窑白瓷，《文物》1957 年 3 期

16. 1992 年，内蒙古赤峰阿鲁科尔沁旗辽耶律羽墓（942 年）出土数件白釉、绿釉、褐釉定窑

17. 安徽合肥五代南唐保大四年（946 年）汤氏墓，《文物参考资料》1958 年 3 期《合肥南郊南唐墓清理报告》

18. 南唐保大十一年（953 年）姜氏墓

19. 北京辽统和十三年（955 年）韩佚夫妇墓，《考古学报》1984 年 3 期《辽韩佚发掘报告》

20. 光绪《重修曲阳县志》中收录《王子山院和尚舍利塔记碑》，碑石立于后周显德四年（957 年）

21. 北京赵德钧墓出土（958 年）“官”款 2 件，“新官”款 1 件，《考古》1962 年第 5 期

22. 辽宁省赤峰辽应历九年（959 年）驸马增为国王墓出土“官”“新官”款，《考古学报》1956 年 3 期

2 酱釉的流行

从理论上讲，酱釉的温度略高于黑釉（今天的科学数据），当温度升高时，釉料中的铁随着气泡浮上釉面，形成里黑外酱色，而使铁元素向三氧化二铁的方面转化，形成褐红色的所谓枣皮红釉。

人们往往在关注著名定窑白瓷的时候，就很容易忽略了定窑更为稀罕的色釉器物，当然，在那个年代，由于定窑色釉极为罕见，很少人见到过，人们的关注点都被吸引到了白瓷上面，因为那是新生事物，是一种时尚的追求，也正是因为如此，定窑的颜色釉被人们渐渐遗忘了。其实，定窑的颜色釉自隋唐到金代都有生产，只是数量极少，也不是主流商品，而往往这些非主流产品却都是那个时代遗留下来的非常珍贵的稀有品种，经过千年的轮回，如今却是星星点点，在茫茫历史的夜空中闪闪发光，需要一双智慧的眼睛去发现它们，拨云见日，让它们那耀眼的彩虹重新展现出神奇的光芒。

定窑最开始是烧造青釉、黑釉、黄釉、酱釉器物，受到巩县窑白釉器物的影响，也开始追求白釉，那是时尚的追求，只有慢慢想办法去除含铁量才能烧成，但这铁可不是那么好去掉的。“光绪三十二年定州发现唐人李基墓，据记载：‘李基官至越州都督府长史，封敦煌县公，葬于咸亨元年四月。墓中有明器，瓷坯坚固如石，釉色莹如玻璃，色白而不滞，略如定器’。”罗振玉在《俑庐日札》中这样记载，事实上定窑在六世纪时烧造的青釉、酱釉都已经非常成熟了，所以，在六七世纪直到十世纪的定窑颜色釉都一直没有断过，尽管自九世纪前后白釉被人们普遍追逐，产量不断攀升，色釉器物慢慢被淡忘了，白釉器物主导了整个审美时尚，成为北方的一面旗帜，到了明代文人雅士才发现定窑白瓷已经进入了收藏市场，而那些被遗忘的定窑颜色釉更显得珍贵了。其实在宋代就有颜色釉紧缺的记载，明代更是认为颜色釉贵过白釉，因为它的稀缺性，明初曹明仲在他的《格古要论》中也提道：“古定器俱出北直隶定州，土脉细，色白而滋润者贵，质粗而色黄者价低，外有泪痕者是真，画花者最佳，素者亦好，亦有锈花者次之。宋宣和、政和间窑最好，但难得成对者。有紫定色紫，有墨定色黑如漆，土俱白，其价高于白定。”都把颜色釉视为稀世之物，由于白釉的盛行，使得颜色釉被人们忽视了，逐渐不再有人制造了，时间久了反而成了稀罕物件。绿釉、红釉、窑变釉、紫定、姜黄釉、褐釉、点彩、钧釉等很多都没有史书记载，这些都是中华人民共和国成立后才不断被发现的，尤其是近三四十年的基础建设，使定窑的真貌越来越清晰了。近些年还发现了金代定窑烧造的黑釉枥线纹、钧釉等以前不知道的品种，看来要想全面了解定窑的烧造历史和定窑的产品全貌还需时日。这里我们仅介绍部分定窑的颜色釉代表性作品，很多都已经是绝世孤品，极为罕见，供收藏爱好者欣赏。

历来谈论定窑都以定窑白釉最为著名，而定窑色釉历来就没有太多人知道，也许是极为罕见，或是没特意去研究它，因为我们很难见到色定作品，又受到明清文献的影响，对定窑的认识多数侧重于北宋中晚期、金代白釉刻花、印花、覆烧工艺作品，明代《格古要论》："东坡诗云：定州花瓷琢红玉。凡窑器有茅篾骨出者，价轻，盖损曰茅，路曰篾，无油水曰骨，此乃卖古董市语也。"这段记载影响了后世几个世纪，把定窑的经典作品说成出自北宋晚期，所谓"宋宣和、政和间窑最好，但难得成对者"一说的误解，仔细品味是指印花器（绣花）宣和、政和最好，之后的诸多书籍、文章都受到《格古要论》的影响，如《事物绀珠》（明·黄一正，明万历本卷）、《南窑笔记》（清·佚名，美术丛书十六册）、《文房肆考》（清·唐铨衡，清乾隆四十三年本卷三）等，以为定窑仅此而已。然而，定窑的真正经典之作大都出自晚唐、五代时期，这是个手工艺高度发达、不受禁锢的时期，历来朝代更迭都会涌现出很多伟大的艺术家、思想家、工艺大家，这就是时代造英雄，完全的手工拉坯、施釉，很多造型都是绝世孤品，是不可再生的、独一无二的经典之杰作。到了北宋中、晚期，由于组合支圈覆烧法的大面积应用，已经从纯手工制作到半工业化的操作，印花、覆烧，比完全手工的作坊提高了工作效率、产品数量，尤其是印花技术的普遍应用，已经不太需要大量的技术娴熟的拉坯、造型、刻划等技术性的工人，因此，北宋中、晚期的琢器类作品急速下滑，多以圆器为大宗生意，半工业化以量取胜，自然质量就会日趋下降，当然，也不乏经典之作，但大部分艺术水平不如晚唐、五代时期的好，就如同我们今天工业化产品千篇一律，想要追求纯手工那种纯朴自然的美一样。在落后的手工业时期，技术革命带动了工业发展，工业发展带来了商业的繁荣，那是一种时尚，是一种财富效应的追求，也是顺应时代的发展规律，然而，当人们的物质生活达到了一定的水准，就将追求精神上的享受，回归大自然的美，"采菊东篱下，悠然见南山"。先秦典籍《周礼·冬官考工记·总叙》中载："知者创物，巧者述之守之，世谓之工。百工之事，皆圣人之作也。烁金以为刃，凝土以为器，作车以行陆，作舟行水，此皆圣人之所作也。天有时，地有气，材有美，工有巧，合此四者，然后可以为良。"

定窑的色釉早在隋、唐时期就已经烧造得非常成熟了，何为定窑色釉？就是定窑除了传统著名的白釉之外的颜色釉，比如定窑众多的色釉品种，如青白釉、青釉、酱釉、柿红釉、紫釉、绿釉、黄釉、姜黄釉、黑釉、红釉、黑釉枥线、钧釉、窑变、绞胎、三彩、釉上彩等等，除去白釉外的所有品种都可归结于“色釉”。在色釉品种中酱釉是个主流产品，自隋、唐至金代延续不断，但北宋以后酱釉产品已经很少了。酱釉产品在唐代十分流行，而且常常是善用双色釉，我们看到最早的双色釉器物如《定窑瓷器探索与鉴赏（下）》中第 7 页隋唐内白釉外酱釉唾盂，隋、唐内白釉外酱釉盘口三系瓶等。

定窑酱釉目前看来早在隋末唐初就已经烧造得非常成功，不是以往人们认为的最早创烧于北宋年间，这一点已经在近些年的出土残片及器物上得到了充分的验证，至于定窑的酱釉创烧于什么年代，目前尚不能下结论，隋唐酱釉唾盂就是最典型的六七世纪的器物，它代表了一个时代的审美取向以及时代的风尚，还有这一时期典型的器物三系盘口瓶，这两件器物均为内白釉、外酱釉的产品，釉面平静光滑，发色比较纯的芝麻酱色，施于“荞麦”胎上，底足满釉或部分施釉，足底边或底有不同程度的粘砂。

日本东京国立博物馆（Tokyo National Museum）藏有一件七世纪巩县窑白釉凤首壶，除凤首盖与定窑酱红釉凤首壶不同外，壶身造型完全一样，可见这种凤首壶在七八世纪的北方是比较流行的式样，很多因为盖子是活动的，所以一旦盖子遗失或损坏，就成了凤嘴花浇了。还有一件是七八世纪的铁红釉唇口梅瓶，器物呈唇口、微开口短颈、丰肩、下收腹、平足，足边微微外撇，内施白釉，外饰红釉，釉不及底，造型似大口梅瓶，只是颈部略长，开口略大，与《定窑瓷器探索与鉴赏》中玉璧底凸莲瓣纹梅瓶造型一致，首都博物馆也藏有一件缸瓦窑作品。直壁深腹平底、玉璧底墩式大碗也是延续隋代典型器物的造型，直壁平底深腹碗是隋代典型器物，唐代初期仍然延续这一传统，只是到八世纪中，平底器物部分改成了玉璧底，上面这几件都是内白釉、外酱釉（或柿红釉）的器物，这也再次证明了隋、唐酱釉产品的出现已经不是偶然性了，而是一支很成熟的色釉品种了，这种使用内外不同釉色的产品我们暂且叫它“双色釉”，它的流行期一直延续到了五代、北宋时期，甚至到金代也有很少的制作，只是北宋以后这种双色釉的器物不流行了，也就是说这种双色釉主要流行期在七到十世纪，之后的北宋、金代也偶有烧造。

这种双色釉器物基本上还是以芥末胎为主（早期），大部分在胎骨上不施白色化妆土，到了五代有些胎土淘练的相对较为纯正，釉色更艳美，如盘口碗，还是透过釉层清楚地看到芥末地的杂质，有些就已经呈现完全纯白色了，如晚唐瓜棱腹罐，五代高足碗的胎骨有些作品虽然还有芥末胎，但是已经相当的纯正了，釉色纯净，釉面的细腻、发色鲜艳度也都达到了柿红釉的顶峰。晚唐、五代的双色釉三足釜式炉也极具时代的典型性，曲阳窑址曾出土过两件晚唐白釉三足釜式炉，与这种双色釉三足釜式炉基本形式一样，只是三片足是直立的，时代相当。到了北宋，胎土的进一步纯化，洁白的胎土使得发色鲜艳的酱釉成功率相当高，从出土于定州、曲阳、唐县的残片可以看出当时的成品发色的成功实例。

枣皮红釉就是酱釉中颜色艳美者，日本人称柿红釉，这种釉过去我们说是黑釉的一个衍生品种，其实也可以这么说吧，这种釉料与黑色釉料大体相同，或者说是同一种原料，只是在烧造过程中自然氧化还原有些差距，古代人烧造没有太多的科学配方，本想烧造黑釉的，出炉有黑、有酱，也有柿红釉，用料一样，只是在窑内的位置不同，还原的气氛各异，烧成了不同的釉色，而不是人为地想要单烧出酱釉或者黑釉。从理论上讲，酱釉的温度略高于黑釉（今天的科学数据），当温度升高时，釉料中的铁随着气泡浮上釉面，形成里黑外酱色，而使铁元素向三氧化二铁的方面转化，形成褐红色的所谓枣皮红釉。通过与专烧色釉的老窑工交谈才得知，黑釉与柿红釉的烧造温度、条件都一样，只是炉内所放位置有差异，选择原料时只是知道那块地里的什么土层能烧出什么样的颜色釉而已，在同一炉里，同一温度下烧成不同的颜色釉是正常的。

唐代的枣皮红釉虽已经相当成熟了，但普遍呈色并不完美，釉表时常有细小的不规则小棕眼（凹坑），釉厚者凹坑较深，釉薄者凹坑较浅，到了晚唐、五代早期，胎釉渐薄，小凹坑更浅，釉面经过岁月的洗礼形成细小银斑（俗称反铅），五代晚期釉面基本平整，发色也纯正，厚处色艳，薄处色沉。上等的枣皮红釉在五代晚期至北宋早期产品普遍质量较高，其釉面细腻光滑，釉色呈较艳丽的枣皮红，有时仍夹杂有条状的细小朱砂点。定窑枣皮红釉器物分薄胎器和厚胎器，薄胎者釉层约在 0.2 毫米左右，釉面光滑细腻，呈色稳定，色泽较艳。

我们一般常见的酱釉产品的色差较广，从暗酱色甚至灰暗棕色直到鲜亮的枣皮红色，定窑酱釉产品从唐代到金代都有产品，北宋起柿红釉器的胎骨都是比较典型的白胎，除个别有早期胎骨含有细小杂质的情况外。五代、北宋初期的胎骨较为纯净，洁白无瑕，但也有稍带杂质的白胎，到了金代，尽管当时的白釉器已经多用带杂质的浅灰胎，不如北宋初期的纯净坚韧，但仍比白釉器的胎骨好。

唐代流行双色釉器物，釉无开片现象，圈足内部多数施满釉，或全部露胎、个别部分施釉。五代时期定窑酱釉的胎骨有泛灰白和洁白两类，前者仍是唐代延续，后者由于胎骨洁白的衬托而呈色更为鲜艳，犹如熟透的红枣一样，故称“枣皮红”。岁月的洗礼使釉面出现细小的银灰色的星点结晶，俗称反铅现象，也有的釉面没有星点而有流动的偏色感。北宋器物细看釉表面有的有极微弱的橘皮纹，有的光滑如镜，金代釉色好的也已经大不如前了，经常有泛黑的现象，有些器物呈色甚至界于酱与黑色之间，其色半黑半酱，这足以证明黑釉与柿红釉的紧密关系。

历代酱釉造型：

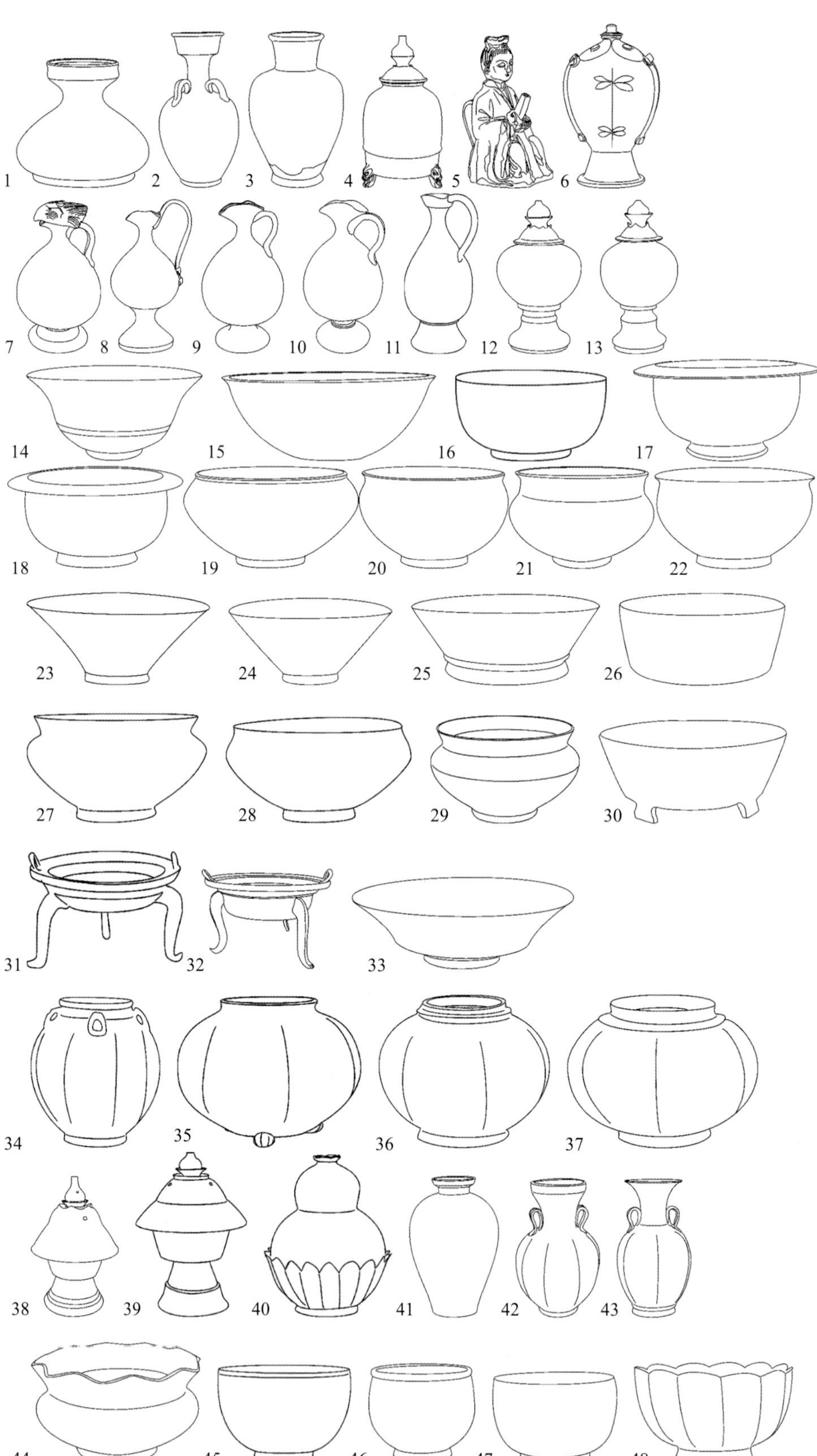
1 2 3 4 5 6
7 8 9 10 11 12 13
14 15 16 17
18 19 20 21 22
23 24 25 26
27 28 29 30
31 32 33
34 35 36 37
38 39 40 41 42 43
44 45 46 47 48

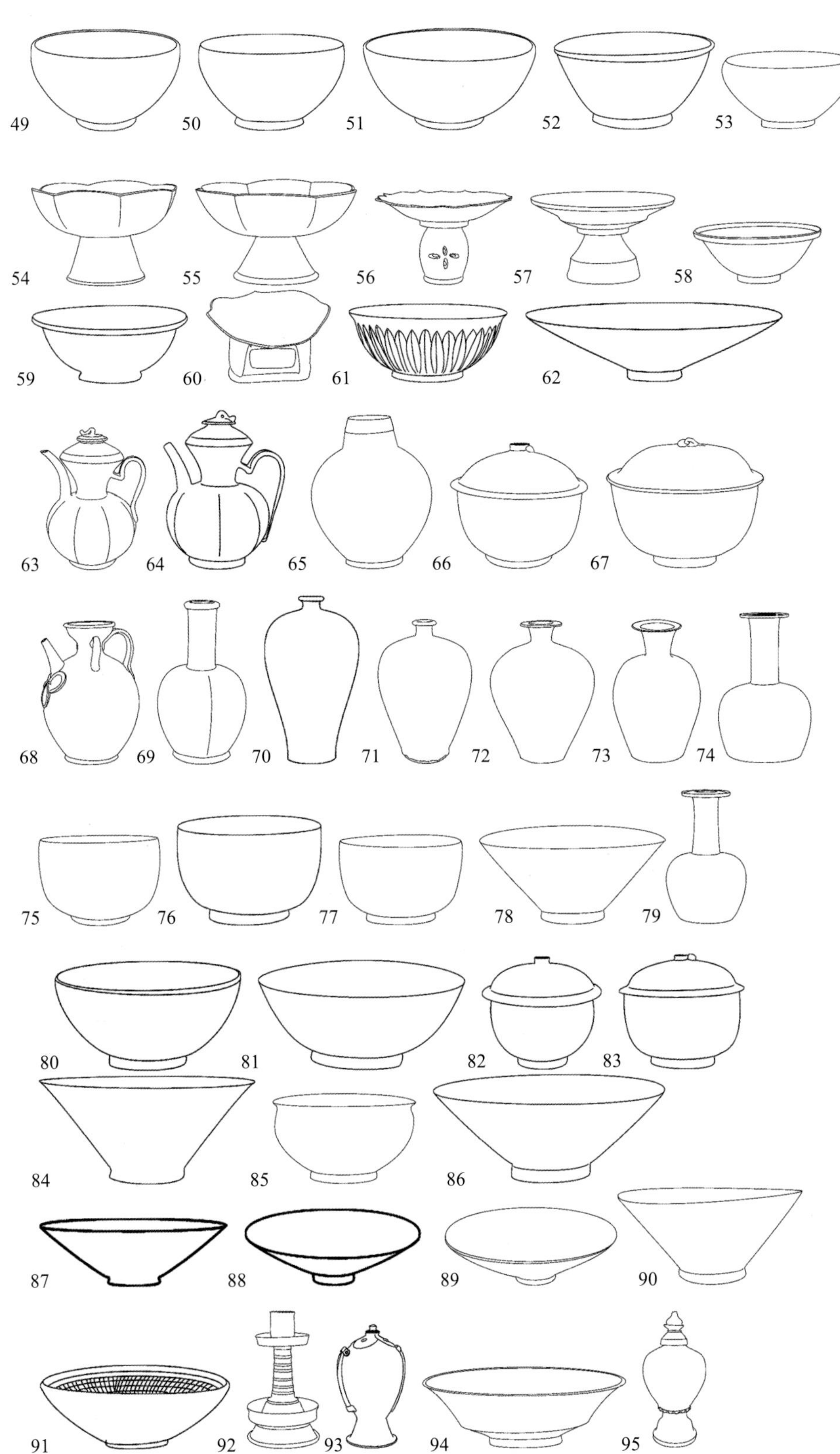
49
50
51
52
53
54
55
56
57
58
59
60
61
62
63
64
65
66
67
68
69
70
71
72
73
74
75
76
77
78
79
80
81
82
83
84
85
86
87
88
89
90
91
92
93
94
95

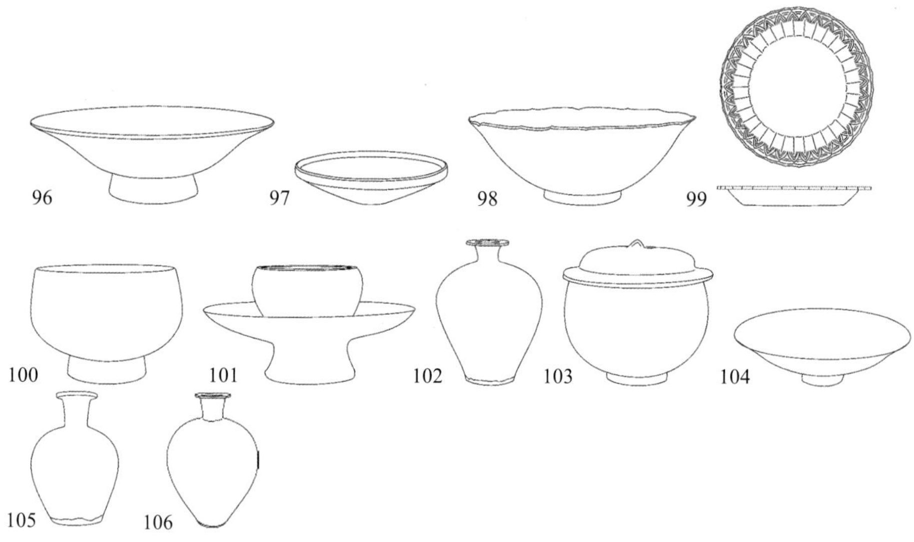

图 1：隋唐双色釉唾盂，图 2：隋唐双色釉三系盘口瓶，图 3：唐代双色釉大口梅瓶，图 4：唐代双色釉三兽足盖罐，图 5：唐代酱釉童子诵经壶，图 6：唐代双色釉穿带双鱼磕，图 7：七世纪定窑双色釉凤首执壶，图 8—10：唐代双色釉执壶，图 11：晚唐定窑酱釉执壶，图 12—13：晚唐定窑双色釉塔式盖罐，图 14：唐代玉璧底双色釉大碗，图 15：唐代双色釉卧足碗，图 16：晚唐双色釉墩式碗，图 17：晚唐双色釉折沿碗，图 18：晚唐五代定窑双色釉折沿盆，图 19—22：晚唐五代定窑双色釉笔洗，图 23：晚唐双色釉斗笠式盏，图 24：晚唐定窑酱釉斗笠式盏，图 25：晚唐五代酱釉笔洗，图 26：晚唐五代直壁双色釉笔洗，图 27—29：晚唐定窑双色釉笔洗，图 30：晚唐定窑双色釉四足笔洗，图 31—32：晚唐定窑双色釉双耳三足釜，图 33：晚唐定窑酱釉折腰盘，图 34：唐代定窑双色釉四系瓜棱罐，图 35：晚唐定窑双色釉三兽足瓜棱罐，图 36：晚唐双色釉瓜棱腹罐，图 37：晚唐五代定窑双色釉“尚食局”款瓜棱腹罐，图 38—39：五代定窑双色釉伞式薰，图 40：晚唐定窑双色釉凸莲瓣纹葫芦瓶，图 41：晚唐五代定窑双色釉盘口梅瓶，图 42：十世纪定窑双色釉双系耳瓜棱腹盘口瓶，图 43：十世纪定窑双色釉撇口瓶，图 44：晚唐定窑酱釉捏裙边渣斗，图 45：晚唐五代双色釉唇边深腹碗，图 46：十世纪定窑酱釉唇口碗，图 47：唐代定窑双色釉玉璧底墩式大碗，图 48：五代定窑双色釉菊瓣纹碗，图 49：晚唐定窑双色釉敛口碗，图 50—51：晚唐五代双色釉敛口碗，图 52：晚唐定窑双色“豹斑”釉唇口碗，图 53：晚唐定窑双色釉钵，图 54—55：五代定窑双色釉六瓣花口高足碗，图 56：五代定窑棱花口篓雕高足盘，图 57：五代定窑双色釉高足盘，图 58：五代定窑盘口碗，图 59：五代定窑双色釉盘口碗，图 60：十世纪定窑酱釉如意瓷枕，图 61：北宋双色釉莲瓣纹大碗，图 62：北宋定窑酱釉斗笠式盏，图 63—64：十世纪定窑双色釉八瓣瓜棱腹大头执壶，图 65：晚唐五代双色釉盖罐，图 66：晚唐五代定窑双色釉玉环底盖碗，图 67：台北故宫博物院藏酱釉盖罐，图 68：十世纪酱釉盘肠纹盘口执壶，图 69：十世纪双瓣瓜棱腹长颈瓶，图 70：北宋定窑酱釉梅瓶，图 71：十世纪酱釉梅瓶，图 72—73：北宋定窑酱釉梅瓶，图 74：十世纪双色釉折沿口长颈瓶，图 75：初唐定窑饼底双色釉墩式大碗，图 76：唐代定窑双色釉玉璧底墩式大碗，图 77：唐代定窑玉璧底双色釉墩式大碗，图 78：唐代定窑双色釉五瓣花口玉璧底斗笠式盏，图 79：北宋定窑双色釉直颈瓶，图 80：晚唐五代定窑酱釉碗，图 81：北宋定窑酱釉窑变碗，图 82—83：北宋定窑双色釉盖碗，图 84：晚唐五代定窑双色釉斗笠式盏，图 85：十世纪定窑双色釉笔洗，图 86：十世纪定窑酱釉斗笠式盏，图 87：日本东京国立博物馆馆藏北宋定窑酱釉描金斗笠式盏，图 88：日本东京国立博物馆馆藏北宋定窑黑釉描金斗笠式盏，图 89：十世纪定窑双色釉窑变斗笠式盏，图 90：晚唐紫定斗笠式盏，图 91：唐代定窑玉璧底酱釉茶瓯，图 92：唐代定窑酱釉烛台，图 93：唐代定窑双色釉双鱼磕，图 94：酱釉折腰盘，图 95：十世纪定窑酱釉塔式盖罐，图 96：柿红釉高足盏，图 97：五钧釉盘口盏，图 98：宋金酱釉印花棱口碗，图 99：金代双色釉印花盘，图 100：北宋酱釉钵，图 101：上海博物馆馆藏紫定盏托，图 102：大阪国立美术馆藏北宋酱釉梅瓶，图 103：明斯顿博物馆紫定盖罐，图 104：日本 MOA 美术馆馆藏黑定金银彩茶盏，图 105：美国大都会艺术博物馆馆藏紫定梅瓶，图 106：北宋定窑酱釉梅瓶

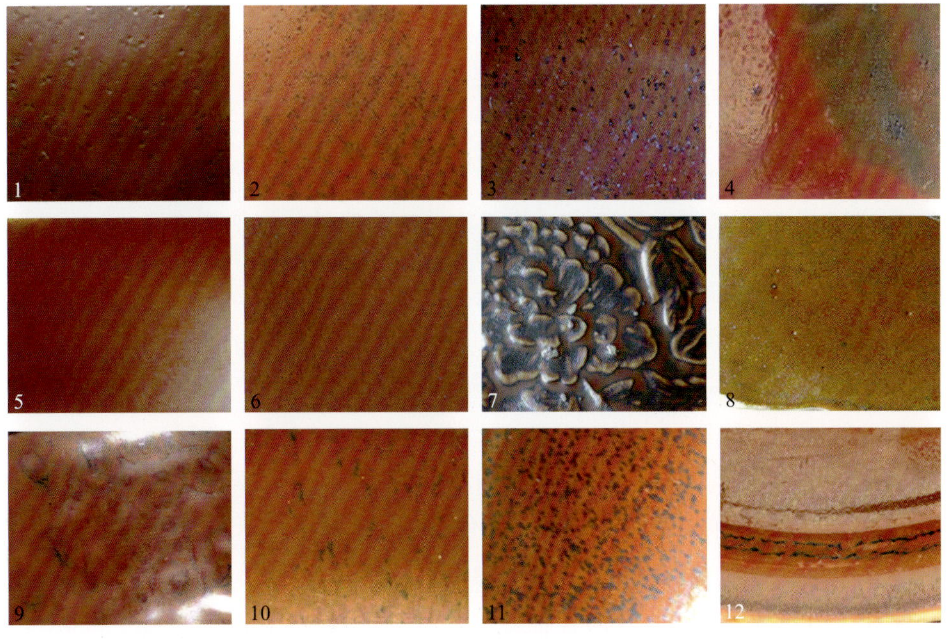

图 1：晚唐柿红釉盖碗 ，图 2：晚唐、五代高足撇口柿红釉碗，图 3：五代高足撇口浅碗（局部），图 4：晚唐、五代柿红釉盘口盘（局部），图 5：唐代内白釉、外酱红釉直壁洗（局部），图 6：北宋柿红釉花口折腰盘，图 7：金代柿红釉菊瓣牡丹纹印花折沿盘（局部），图 8：五代、北宋酱釉折腰盘（残片），图 9：十世纪双色釉折腰盘，图 10—12：现代赝品

3　高温铁红窑变釉的出现及其传承

苏东坡说的这句“定州花瓷琢红玉”是指使用定州花瓷能够雕琢红玉（红玛瑙），只是形容定州瓷的硬度，所谓花瓷就是带刻花、印花的瓷，与“定州红瓷器”无关。

定州红瓷器一直是悬而未解的疑团，最早见于记载的是宋代邵伯温的《邵氏闻见录》，苏东坡（1036—1101）也有“定州花瓷琢红玉”的诗句及宋人周辉（12 世纪）的《清波杂志》、蒋祈（13 世纪）的《陶记略》都分别有不同程度的记载，但在这之后就很少有人提及了，当时所说的“定州红瓷器”及“定州花瓷琢红玉”究竟是什么样的一种瓷器呢？至今还是个谜。虽然 1957 年，故宫博物院曾在第一次考察河北曲阳涧磁村窑址时，采集到 2000 多件瓷片，主要以白瓷为大宗，但同时采集到的还有黑釉、紫釉（即酱色釉被误认为是紫定）、绿釉瓷片，酱釉标本中有的呈现红色。辽宁阜新县辽墓（1075）也出土一只酱釉碗，有人认为是紫定，也有人认为是红定，但其与史书记载的红釉相距甚远，还远不及唐代定窑柿红釉凤首持壶、唐代定窑柿红釉梅瓶及晚唐柿红釉双耳釜式炉的颜色纯正，因此那些都只是不太成功的酱釉作品。

红色釉的呈色剂无非两种原料，其一是氧化铜，用还原焰烧成，呈色为紫红色，这在钧窑器物上已经广泛应用。另一种就是用氧化铁作呈色剂，中国传统古瓷的呈色剂就是用铁粉配制的釉药着色剂。一般我们常见的是三氧化二铁，呈褐红色，也就是人们常说的铁锈红，另一种叫氧化亚铁，也就是人们所说的铁青色，呈青绿色。中国瓷器上的红色早在唐代长沙窑就有出现，高温铁红釉器到目前为止发现最早的是唐代产品，这种铁红釉的烧造温度和时间可能都有严格的局制性，难度极大，成品率也很低，偶然性极大，故传世品极为罕见。按理铁红釉的生成，需要釉层薄，易于气泡释放，温度高（估计在 1320℃之上），便于氧化亚铁和三氧化二铁生成四氧化三铁，并释放出氧气泡，气泡周围便聚集了更多的铁分，呈朱红色，也就是所谓的朱砂点。自宋金时期也有用铁红色作装饰的低温红彩器，包括定窑在内的大部分北方窑口都有烧造，有的还加绿彩、黄彩及黑彩（釉），如磁州窑的红绿彩器；在酱红釉中呈现的红色斑点正是红釉的先兆，在晚唐、五代时期定窑已经烧造出了非常成功的柿红釉。在柿红釉的基础上再提高炉温，使氧化铁充分升华，还是所取釉料地域的不同形成独特的高温窑变红釉？或许持续的高温，将柿红釉中的铁斑点进一步升华，形成纯铁红的色彩。古代人制作的釉料不像现代人那样，使用已知的配方配置而成，古人用纯自然选土加经验搭配，从突发的偶然性，渐渐摸索试探着成为必然，有些成功了，有些还只是停留在偶然性，无法复制。他们是在传统的取料地域，取所需要的土料，按祖传经验所取黑土是烧造白釉的原料，取的白土却是烧造黑釉的原料，而酱釉的原料往往就是在白土的某个部分自然形成的，在某种的机缘交合中自然出现高温铁红釉，与烧造温度、配料没有太大关系。当然，偶然的发现经过反复操作，慢慢掌握了釉料的选项和应用，红釉、紫釉也同样是在偶然的机缘下形成的，但是紫、红釉的偶然性却至今没能变为自然（把握），这里面的不确定因素可能占据了主导权，诸如温度、火焰、位置、釉料的来源、天气等诸多不可预期的因素，因此，红釉应该是没有被窑工们掌握，所以产品纯属偶然，不可复制。

这种釉色还是仅仅在定窑器物中发现，目前在其他窑口尚无同类釉色，据记载，饶州在宋金时期也有偶然烧造（见有宋金代红釉四喜橄榄瓶上不敢确定窑口），釉色比定窑更为艳丽。这种红釉在晚唐时期定窑出现了昙花一现的短暂时段，也就是在八世纪末到九世纪上半叶，在这之后再也没有了，其产品数量罕见，而成功的釉色就更是绝世杰作了。也正是因为它的罕见，王拱辰才进献给张贵妃，北宋仁宗时期已经是罕见之珍品，南宋邵伯温（1055—1134）在他的《邵氏闻见录》中有记载："仁宗一日幸张贵妃阁，见定州红瓷器，帝坚问曰：'安得此物？'妃以王拱辰所献为对。帝怒曰：'尝戒汝勿通臣僚馈送，不听何也？'因以所持柱斧碎之，妃愧谢，久之乃已。"说明北宋仁宗时期定州红瓷器已是极为珍稀之物。

而唐、宋时期的高温窑变铁红釉由于偶然性极强，成品极少，这就是定窑红釉传世罕见的原因。目前发现定窑红釉器物仅见的有三，其一是唐代高温窑变铁红釉短流双泥条柄执壶，整体施红釉，平底满釉，以砂砾垫烧，胎体薄厚适中，器物内露胎无釉；其二是件晚唐时期的高温窑变铁红釉梅瓶，蘑菇形小口，圆肩下收，形体修长，底部微撇，足边缘抹角，玉璧底施满釉（玉璧底器物流行于晚唐时期），也是件非常具有时代特征的典型器物；其三是一件小执壶，平底露胎，这三件釉色才能称得上真正的定州红色釉器。这是一种高温铁红色的窑变釉，釉面薄而均匀，釉下竹刷痕依稀可见，釉表面有布满浅银白色的星点，比常见的油滴要小，说明它的釉面薄而烧造温度相当高，且在高温后迅速遇冷，由于釉层较薄，故釉表面的银色星点较小。这种釉在持续高温下，使大量的朱砂红色浮于釉上，其间还夹杂有极少部分呈深褐、棕黄等的混合体。

南宋人周辉在《清波杂志》中也明确描述到景德镇瓷器窑变，"色如朱砂……比之定州红瓷，色尤鲜明……大观年间，有窑变，色红如朱砂……"，以上这些记载都非常明确地说明了红釉器的确切颜色，正好与上述三件高温铁红釉器相互印证，而非过去人们在不太完美的酱釉黑釉中迭选。朝鲜学者Ikutaro Itoh在他的《朝鲜瓷中的高丽青瓷》一文中描述了高丽窑工如何试验复制定窑红釉（作者称是仿定窑或耀州窑），从使用氧化铜到氧化铁的运用，在12世纪已经成功地复制出极为近似定窑红瓷的高温铁红釉器，如收藏于韩国国立中央博物馆的12世纪高温铁红釉粉盒。据《宋史》等文献记载，北宋期间，高丽王朝曾向宋朝派出的使团多达三十多次，两国间的朝贡贸易往来规模很大，宋朝也有使团多次出使高丽，在宋宣和五年（1123年）出版的《宣和奉使高丽图经》中，徐兢（1091—1153）也多处记录了定窑铁红釉产品曾经在高丽时期墓里发现的重要事实，尽管我们现在无法知道当时所描述的确切颜色，但是通过高丽仿制的定窑红釉产品、收藏于韩国国立中央博物馆的十二世纪铁红釉盏托及碗，它那细腻而薄的釉层，高温铁红釉的颜色，虽然高丽仿品的颜色略为深沉，却可以非常明确地肯定，定州红瓷器的颜色就是这种高温铁红朱砂色釉，与史书所记载的“有窑变，色红如朱砂”相吻合。

《清波杂志》里描述的这两个窑口出产过朱砂色红釉，到目前还没有发现于窑址的考古挖掘中，可以肯定它不是钧窑的铜红呈色效果，而是一种铁红的效果，早年流入欧洲市场的唐代铁红釉执壶、晚唐五代的铁红釉梅瓶等，从胎骨、釉质和制作工艺上看，应该就是我们史书上记载的定州红瓷器，胎骨呈类似火龙果肉，这在唐代定窑器物中是比较普遍的。2009年窑址出土的火照、唐代青釉平底碗残片等，尤其是色釉器和窑变器，胎质釉色又与史书记载相符，是高温窑变朱砂色，器物底部满釉，以细砂垫烧，釉下的细密旋削纹（所谓的竹丝刷纹），都与晚唐定窑工艺相符，也正是古籍上提到的定州红瓷器颜色。如按周辉的记载，当时烧造这种高温铁红釉的至少有两个窑口，一是定窑，再就是景德镇窑，而后者的颜色要比前者艳，但而今一千多年来，竟然几乎不见传世品及出土瓷片，却能在朝鲜的高丽时期的墓中发现，而又不见后人著录，可以想象它的稀缺程度。由于这种铁红釉是经过高温一次烧造成功的，其难度之大应该远远超过钧窑的铜红窑变釉，钧窑的烧造温度在1250℃上下，而定窑这种铁红釉需要1350℃左右的高温，由于这种高难度的釉可能还需要更复杂的工艺技术，成功率极低，传世品极为罕见，因此其烧造时间跨度可能不长。以前面介绍的三件为例（还曾见过小玉壶春瓶），其胎骨均为浅浅带灰色胎，有可能是一种耐高温胎骨，其制造工艺之精巧，造型之准确，技术之先进非一般窑口所能做到，从传统的器物学来讲，这三件的造型完全是最典型的盛唐及晚唐时期的经典造型，我们完全有理由断定这就是所谓的“定州红瓷器”，因为定窑的胎土呈色十分广泛，尤其是色釉器更多呈深浅不等的灰色、浅灰、灰白等。唐代器物应用浅灰色胎土的十分普遍（俗称芥末胎），包括白釉器在内，黑釉器、绿釉器、红釉器、三彩器等，以及金代定窑用的是深浅不等的灰色胎骨，同时也有像唐代那样使用白色化妆土的，参见近年曲阳、定州不断出土了一些金代的姜黄釉器物和黑釉沥线器物，以及金代定窑仿钧釉器物，可与河南钧釉不分上下，这都是以往不可能想象的事。

图 1—2：唐代定窑高温窑变铁红釉执壶，图 3：唐代定窑高温窑变铁红釉梅瓶，图 4：南宋饶州窑高温窑变铁红釉四系瓶

到目前为止，学术界对定州红瓷器尚众说纷纭，人们对定州红瓷器还没有足够的认识，官方的考古发掘又没有出土过这类器物，民间即便出土了也基本被“专家”毙了，因此没有足够的科学依据来验证定州红瓷器的存在，但是在我们的研究工作中发现了这一问题，经过多年的反复考证，发现唐代高温窑变铁红釉持壶及梅瓶，以及高丽仿定红釉器，更进一步验证了我们先前的判断是正确的，因此前面三件典型唐代高温窑变铁红釉器物，就有更充足的理由定为定窑红瓷器了。

其依据有五：

1. 按史书记载“……大观年间，有窑变，色红如朱砂”，明确说明了红釉的色彩为朱砂红色；

2. 在宋宣和五年（1123 年）出版的《宣和奉使高丽图经》中，徐兢多处记录了定窑铁红釉产品曾经在高丽时期墓里发现的重要事实；

3.12 世纪高丽窑工用氧化铁釉仿定窑红瓷器，说明 12 世纪之前中国的定窑红瓷器已经传入朝鲜，而且是一种高温铁红釉；

4. 这两件高温朱砂红釉，釉面薄而均匀，釉下修胎工艺及胎骨都具备定窑的特征，而其他窑口都不具备这些特点，然而，景德镇窑在晚唐至五代时可能还没有这种技术，有可能是定窑窑工南迁后，将这一技术传到了景德镇，目前仅有一件饶州烧造的北宋、金代高温铁红釉四系瓶；

5. 我们再从胎骨上看，该持壶的胎骨浅灰带一点点细小的黑星点，如同火龙果，细腻坚硬，这种类似火龙果的胎骨我们在 2009 年曲阳考古挖掘时出土过唐代青釉平底碗残片，磕掉的那部分露出似火龙果胎骨与前面那件红釉持壶的胎骨一致，这就证明红釉持壶就是定窑产品无疑。据此，将实物与历史文件相互印证，从而解决了“定州红瓷器”有历史记载，而查无实物的历史悬案，同时也改写了历史，把中国的高温铁红釉的历史提前了 8 个世纪（清代雍正、乾隆时有烧造仿古高温铁红釉，但其效果多近似古铜器的紫褐棕色，被称之为“铁锈花釉”）。

图 1：唐代高温窑变铁红釉持壶细部，图 2：晚唐高温窑变铁红釉梅瓶细部，图 3：十二世纪高丽仿定窑红釉盏托、盏，现藏于韩城博物馆。图 4：高丽仿定红釉粉盒细部，现藏于韩城博物馆，图 5：唐代高温窑变铁红釉持壶平底，图 6：晚唐高温窑变铁红釉梅瓶玉璧底足，图 7：唐代高温窑变铁红釉持壶胎骨，图 8：南宋饶州窑高温窑变铁红釉四系瓶局部

元人蒋祈（13 世纪时人）也在《陶记》中这样描写：“饶窑品质如玉者能争妍于真定红瓷。”（真定即定州），饶州窑（古代景德镇的称号）烧造的质地如玉一般的上等红瓷器能与定州红瓷器相媲美，以上这些记载都非常明确地说明了定州红釉器的存在和确切颜色。其实苏东坡的那句诗“定州花瓷琢红玉”确实与定州红瓷器无关联（参见《定窑瓷器探索与鉴赏（上）》第四章 206 页“‘定州花瓷琢红玉’与唐代定州花瓷的认识”）。苏东坡说的这句是指使用定州花瓷能够雕琢红玉（红玛瑙），只是形容定州瓷的硬度，所谓花瓷就是带刻花、印花的瓷，与“定州红瓷器”无关。

定窑胎骨也有成黑色、灰色的，包括有些白釉器物都有这种现象，据称这是烧结温度高，而持续时间不够形成的黑胎，当地窑工称这种叫“没烧透”，由于定窑的胎土是含碳较多的灰黑色胎骨，经过高温烧造，使其所含碳元素在高温下挥发掉，从而形成白色的胎骨，也可能是高岭土是与煤伴生的原因，所以含碳量比较高，高温的焙烧使之挥发掉，但是有些是因为烧造的时长没有达到，胎骨中的含碳量还没有机会挥发完全，因此形成“黑胎”现象。

而真正能与宋元史书记载相吻合的“定州红瓷器”的胎骨却是类似“缸

胎”的耐火性强的带细小黑星点的浅灰胎，正是这种耐高温的胎土，在持续的高温下易于保证胎骨不变形，才能使氧化亚铁（FeO）和三氧化二铁（Fe_2O_3）生成四氧化三铁（Fe_3O_4），并释放出氧气泡，使气泡周围聚集了更多的铁分，呈朱红色。

定窑中、晚唐时期的双色釉，包括酱釉、柿红釉、紫釉等都有烧飞的现象，所谓“烧飞”就是由于温度掌握不准确，估计是温度过高、釉层厚、细小气泡聚集成较大的破泡，破泡边缘易被烧焦了。但定州红瓷器包括高丽时期仿定州红瓷器却没有“烧飞”现象，由于釉层薄而不会产生大气泡，而清代雍正时期的铁红釉却有极小的较均匀的破泡偃翘，这种朱砂色的红釉其釉料成分可能与柿红釉相近，但是烧成的釉色有些却是呈现朱红色。而纯粹的高温窑变朱砂红釉的色彩，也仅在定窑、饶州产品中偶然发现。

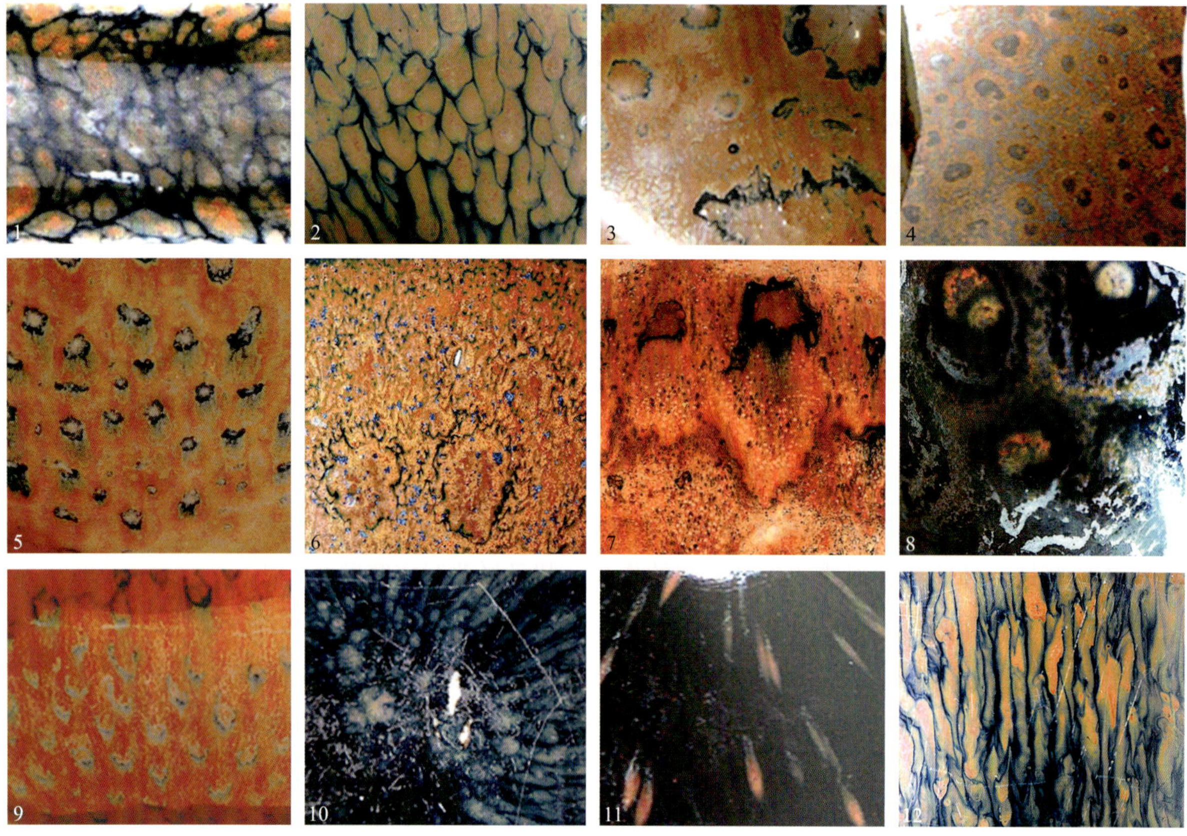

图 1：唐代定窑玉璧底豹皮斑釉深腹碗，图 2：晚唐定窑兔毫釉梅瓶肩部，图 3：北宋定窑窑变釉碗，图 4：曲阳出土的北宋窑变釉碗残片，图 5：晚唐定窑鹿斑釉大碗，图 6：定州出土的北宋定窑笠式碗残片，图 7：晚唐定窑窑变釉大碗，图 8：定州出土的北宋窑变釉碗残片，图 9：十世纪定窑柿红釉点黑斑塔式盖罐，图 10：晚唐、五代北宋定窑兔毫釉碗，图 11：北宋褐斑笠式碗，图 12：兔毫釉梅瓶局部

5 定窑姜黄釉的流行

波浪纹为定窑典型纹饰之一，定窑白釉也有同样的装饰，串珠纹也在白釉定窑器物上可以找到，用三点支烧法更是定窑十世纪前后使用的一种色釉器物烧造法。

定窑姜黄釉早在唐代就有生产，到了晚唐已经很少见到了，金代再度流行起来。定窑黄釉器分早晚，早期黄釉器多是粗瓷产品，胎骨上加施白色化妆土，釉色姜黄，施釉薄而不及底足，多为实用性壶、碗等器物，胎体较为粗糙厚重，瓷土淘洗不精，杂质、气孔较多，胎色带有暖灰色，却还很坚硬，个别的小件精细之作实不多见，如唐代黄釉，胎质较细，呈带一点点灰的白胎，可称得上早期定窑精细黄釉的代表作品，外施姜黄色釉，釉不及足，内施乳白色半透明釉，内挖足，足不施釉，该器物是较为典型的定窑早期黄釉产品。2009年，定窑窑址出土的黄釉持壶极其残片及曲阳出土的宋代黄釉褐彩残片，1969年河北省定县静志寺塔基出土、现藏于定州博物馆的黄褐釉波浪纹盖罐，也是较为典型的定窑五代、北宋早期的作品，釉色褐黄，腹部以细小的划纹构成波浪纹，肩部饰串珠纹，用三点支烧法烧成，白胎细腻，这几点都具备定窑产品的独特性。如，波浪纹为定窑典型纹饰之一，定窑白釉也有同样的装饰，串珠

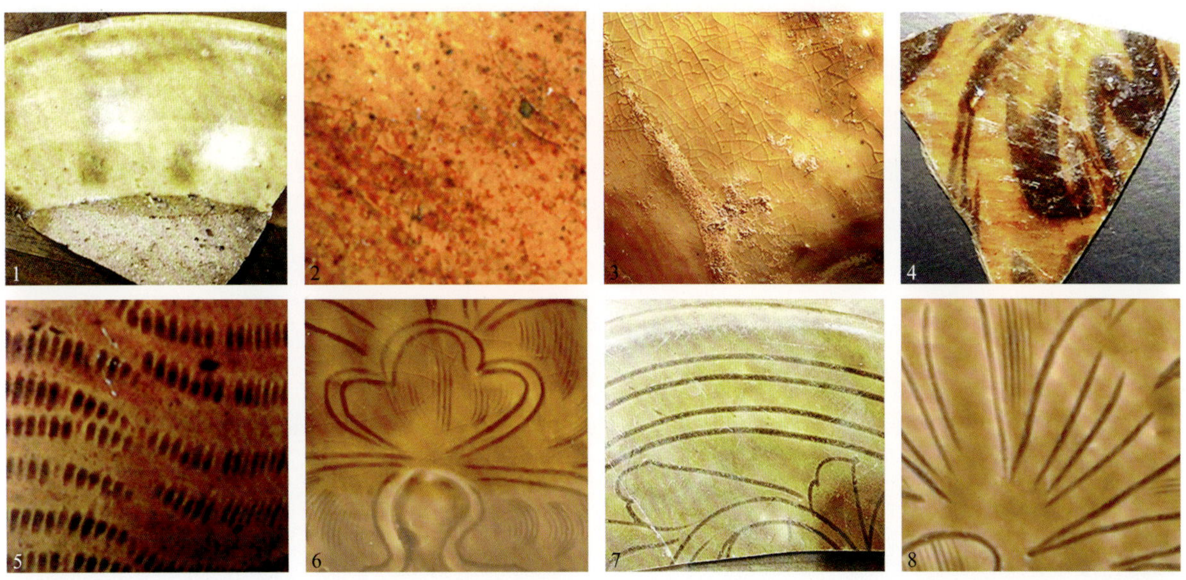

图 1：曲阳出土的唐代黄釉碗残片，图 2：唐代黄釉印泥盒，图 3：2009 年，定窑窑址出土的唐代黄釉持壶残片，图 4：曲阳出土的黄釉褐彩残片，图 5：北宋初黄釉波浪纹盖罐（定州塔基出土），图 6：金代姜黄釉刻花玉壶春瓶，图 7：曲阳出土的黄釉刻花瓷枕残片，图 8：金代姜黄釉刻花梅瓶

纹也在白釉定窑器物上可以找到，用三点支烧法更是定窑十世纪前后使用的一种色釉器物烧造法。北宋晚期、金代的定窑黄釉器物的胎骨多含有少量杂质，胎骨呈浅灰色，所以这时期的黄釉器物也常施一层薄薄的白色化妆土，在化妆土上施以黄色透明釉，釉面细润光滑鲜亮，基本不见开片纹，曲阳出土的缸胎瓷枕表面也需要加饰白色化妆土，这在当时是非常普遍的现象，包括金代的梅瓶、罐等金代的姜黄釉器物基本都需要加饰白色化妆土。

图 1：定州文物保护管理所藏唐代黄釉席纹壶，图 2：河北省衡水市文物保护研究院藏唐代定窑黄釉刻花执壶，图 3：定州博物馆藏黄釉波浪纹盖罐，图 4：定州博物馆藏黄釉鹦鹉型蜡烛台，图 5：宋金姜黄釉刻花盖罐，图 6：宋金姜黄釉刻花罐，图 7：金代姜黄釉双耳线条罐，图 8：金代姜黄釉刻花玉壶春瓶，图 9：金代姜黄釉刻花梅瓶，图 10：唐代定窑姜黄釉盒

早期定窑姜黄釉大多都是粗瓷实用器，有碗盘、执壶等造型，执壶如河北定州文物保护管理所藏出土于曲阳的高庄执壶，也有衡水市文物保护研究院收藏的墩式双系耳黄釉刻花执壶，还有内白釉外黄釉盒，胎骨虽然有些厚，但是胎骨基本比较白，黄釉色泽也滋润纯正，有玉质感。十世纪定窑黄釉虽然不多，在定州两塔基出土的有两件十世纪中期作品。三点支烧法支烧的黄釉器物，釉质肥厚纯净，远比金代姜黄釉各件滋润，到了金代虽然也多是实用器物，但相对唐代的姜黄釉细致很多，而比十世纪的差一些，虽然流传下来的器物也极为有限，造型除了碗盘之类外，还有刻花盖罐、罐、双系耳罐、玉壶春瓶、梅瓶等琢器，大盘有的三四十厘米，常见大面积漏釉现象。

6 黑定的釉色范围

定州开元寺附近出土的一片北宋定窑黑釉窑变碗底十分耀眼，蓝色的荧光明显，这种蓝色荧光应该是在黑釉烧造出窑变后，经过千年的氧化形成的，而绝非出炉就是这样。

唐代定窑黑釉比较不太稳定，由于胎骨多多少少都带一点灰及少部分细小杂质颗粒，因此釉下常饰有白色化妆土，釉色从唐代黑、酱混杂成的偏黑色，到五代杂色融于总体黑色的大范围内，再到北宋早期极为纯净的黑色，再又还原回北宋晚期含有杂色大体黑色的黑釉，到了金代的有些黑釉已经黑酱不分了，成了似黑又似酱的釉。

曲阳、定州出土的残片有的黑釉描绘金彩的器物，一般金彩早已脱落，留下金彩的痕迹，也有的基本保留厚厚的金，一般都是在较好的黑釉器物上使用，这种高质量的黑定也是很难得的，成品就更难见到了，也有的只在器物的口沿上及圈足贴金箔边。同时期的釉色也有不同，个别产品釉色有偏差，厚者黝黑，薄者或口沿处偏褐黄色。到了北宋晚期、金代黑釉的质量又逐渐下降。北宋中期以后，定窑黑釉器已经极少见到了，金代有个别黑釉较厚的尚好，个别也有的模印、暗刻纹饰，其胎、釉质薄而纹饰不明显，有些可能烧不出高质量的黑釉，便想着加上装饰纹，其效果并不好，产量也剧减，偶尔见到釉色黑褐或黑棕色的较为粗糙的，产品都是北宋晚期及金代的产品，其质量与北宋早期的产品不可同日而语。当然，金代黑釉也有质量很高的器物，如金代黑釉沥线罐，施釉均匀，釉色黝黑，呈色稳定，胎土浅灰色而坚硬，它是受到宝丰窑和淄博窑沥线装饰的影响而制作的，代表了定窑晚期借鉴其他窑口的装饰的典范（参见《定窑瓷器探索与鉴赏（上）》66 页）。

北宋学者王昭禹言："黑者，天道在北方之色也。"南宋学者王与之论道："盖玄之与黑，皆北方之色，黑者阴之正，北方者万物归根复命之地，而纯阴之所聚也。乃取其正者以名之，然亦可谓之玄焉。"北方之黑，被认为是万物的根本和归宿。

关于黑定，明代曹昭《格古要论》就有这样的描述："有紫定色紫，有墨定色黑如漆，土俱白，其价高于白定，俱出定州。"黑定大约流行于唐代至金元，早期的黑定产品极少，目前能找到的实物资料只有唐代定窑的围棋子一副，以及曲阳出土的唐代黑釉执壶，它可能属于比较早的黑定作品了。当然，这个上限不能确定，因为我们尚未发现有更早的黑定作品或残片，因此，暂定可能最早流行于唐代。唐代定窑黑釉的黑色不太纯净，时常黑中带深褐色，黑釉施于施过白色化妆土的灰胎上，此时的胎骨呈浅淡的灰色，胎骨中多有大小不等的气孔，釉面也还肥厚。

到了晚唐、五代的定窑黑釉已经烧制的非常完美了，晚唐、五代定窑开始从雄浑、宽厚的造型风格向精巧秀美转变，尤其是晚唐定窑受到朝廷的预订宫廷所需瓷器，促进了定窑工艺上的飞速发展，所烧制的仿金银器的“官”“新官”款的官窑器的精巧程度不亚于金银器，用最廉价的土烧制出可媲美最昂贵的金银器，这就是土与火的艺术，通过工匠们的艺术创作，把最廉价的土转换成昂贵的艺术品，这是何等的创造啊。

其中五代高深内挖足的黑定梅瓶就是此时的代表性杰作（参见《定窑瓷器探索与鉴赏（下）》146—149页），它的釉质肥润，釉色深邃，黑色虽不像北宋时期的“漆黑如镜”，黑中却充满了极为丰富的结晶，经历沧桑在釉表面留下了“蓝色斑痕”，这就是所谓的“氧化包浆”，或者说“曜变”，“曜变”其实不是出炉就有的彩虹，而是岁月赋予的“袈裟”。到了十世纪中、晚期定窑的黑釉仍然还没那么纯净，黑色釉的釉内仍然还存在着密集的各种结晶，在阳光下近看它不是漆黑一片，而是像五代定窑黑釉一样，黑中蕴藏着许多结晶体，而釉表又笼罩着岁月赋予的蓝色“彩虹”或称“袈裟”。那件八瓣荷叶口盏托证实了晚唐定窑捏荷叶裙边的延续，也是晚唐、五代流行的荷叶口装饰，平底在北宋时期已经不流行了，它还是延续晚唐的工艺手法，这种手法到了十世纪也已经很少使用了。

黑定的瓷塑那可就是稀有中的珍稀品种，黑定在整个定窑产品中比例极为有限，北宋晚期、金代黑定产品渐多，也只占大约不足万分之一的比例，黑定瓷塑那更是黑定中不足万分之一的万分之一稀罕杰作，而北宋黑定中亚贵妇的造型更是罕见之极，传统的伊斯兰教妇女是不准与外界接触的，这在中世纪更是严厉，而这件瓷塑却雕塑一位中亚贵妇，那是何等犯忌啊。记得20多年前在荷兰有一只顺治青花筒瓶破了当时明末清初筒瓶的世界纪录很多倍，那不是一件普通的筒瓶，那是描绘春宫画的筒瓶，在十七世纪的宗教社会里居然有冒犯宗教大忌的作品出现，那可是冒着生命危险保存下来的杰作，联想到这件伊斯兰教的贵妇瓷塑也同样冒着逆天的胆量而作。另一件北宋普通妇女也是刻画的惟妙惟肖，她带着两个天真无邪的孩子，一幅现实版的写实作品（参见《定窑瓷器探索与鉴赏（下）》194—195页）。北宋一方面流行复古风，一方面提倡写实，宫廷的画家大都是写实派。

十世纪的黑定点彩也是黑定中的罕见品种，这件欧洲私人珍藏的黑定点彩盏造型仍然带有晚唐、五代高圈足的遗韵，但是北宋笠式盏的雏形已经确立，笠式盏起源于晚唐定窑，不过晚唐定窑的笠式盏圈足较大，十世纪开始缩小，到了北宋基本上形成了小圈足的斗笠盏。有诗云：

《鹧鸪天》

黑釉陶瓷定窑出，珍奇佳器属鹧鸪。
盛唐开启乌金釉，金宋传奇赏特殊。
纯窑变，紫金乌，点斑融变世稀疏。
描金褐点窑炉铸，黑定传承绝世孤。

定窑的点彩工艺早在唐代就已经出现，包括白釉点褐彩、酱釉点黑彩，这件黑釉点褐彩可能起始于十世纪，褐彩的周围笼罩着岁月赋予的蓝色光环，那是它在展示着时光给它披上的“袈裟”。定州开元寺塔附近也出土过黑釉点彩残片，有些黑釉点褐彩，有些黑釉点一种泛淡白色的彩点，进过千年的氧化形成似冰花一样的纹饰。黑釉的窑变更为稀少，定州开元寺附近出土的一片北宋定窑黑釉窑变碗底十分耀眼，蓝色的荧光明显，这种蓝色荧光应该是在黑釉烧造出窑变后，经过千年的氧化形成的，而绝非出炉就是这样。当然，只是在某些特定的器物上经过氧化能赋予耀眼的蓝光，就像建筑一样，都是时间赋予的岁月痕迹。

黑定点褐彩产品罕见，残片却在浙江丽水大港头码头工地出土过，丽水大港头码头原来是一个内陆通往明州港和月港的中途重要转货码头，这里出土了以龙泉窑为主的残片，还有南、北方诸多窑口的残片，为什么说是内陆中转的重要码头呢？如果是内陆通往外海的码头，丽水大港头码头就不会有建阳窑、吉州窑的作品在这里出现，这些福建、江西窑口生产的黑釉盏应该是通过这里转向明州港出口到朝鲜、日本。而北方窑口的产品通过这里也有去明州港或月港出口，所以这里也出现了众多北方窑口的不同品种，邢窑、耀州窑、巩县窑、定窑、钧窑、井陉窑等等。

黑定真正入了北宋，它的釉色从含有细小杂质的釉质向纯黑釉质过渡，这件黑定炉的釉质尚没有完全形成纯净化的黑色，因此，应该还属于北宋偏早一些的作品，造型类似墩式碗，又有点像盖碗，与盖碗的圆腹又有所区别，这是件单件覆烧法烧成的作品。

到了北宋中期黑定的釉色已经非常纯净了，釉质也相对早期略薄，呈“黑如大漆”，胎骨渐渐细白坚硬，比起早期带有细小杂质的胎骨进步了很多，到了北宋晚期是定窑的第二高峰期，虽然胎骨、釉质渐渐衰退，但工艺上却得到了空前的发展，

纵观黑定的历史演变痕迹可以看到它的演变过程，唐代黑定精细作品釉下施有白色化妆土，胎土有不同程度的气孔，色浅灰而细。五代胎土仍然不是很纯洁，带有或多或少的杂质，胎色白中微微带暖色。进入北宋黑定胎骨不再有

气孔出现，胎骨致密而白。北宋晚期胎骨的纯净度可与晚唐媲美，只是晚唐使用的是柴窑烧造，北宋晚期使用煤窑烧造。

美国哈佛大学艺术馆藏有一件黑定应该是北宋中、晚期的作品了，釉质虽然不是很纯的黑色，但是胎骨的坚硬、细白体现了北宋中晚期的时代特性，黑定产品中还有一小部分在黑釉上面描绘金彩的器物，这类器物的釉面一般都是比较好的作品，多见于盏，个别有瓶类，传世品基本上金彩脱落，留下金彩的痕迹，出土的有些金彩纯厚如新，有些装饰在圈足及口沿。到了北宋晚期、金代多数黑定作品施釉薄，釉色黑褐相间的比较多，釉厚者黝黑锃亮，胎骨坚白，釉薄者胎骨有些仍然普遍偏暖灰色，有些甚至浅灰色而坚细，有些黑色烧成偏酱色并且还有刻花、印花纹饰，金代黑定尽管刻花装饰不太流行，还是有一小部分刻花器物残片遗存，有刻龙纹、鱼纹等，尽管有些纹饰甚至很难看出来，它的存在是不争的事实（参见《定窑瓷器探索与鉴赏（上）》66 页）。定瓷的胎釉自唐代到金元有着微妙的变化，只有仔细“对比”才能真正认清它们的时代特征。

北宋定窑黑釉也有油滴、窑变现象，作品极少，参见定窑窑变釉的偶然性一节。

定窑黑釉金彩目前出土及传世的几件：

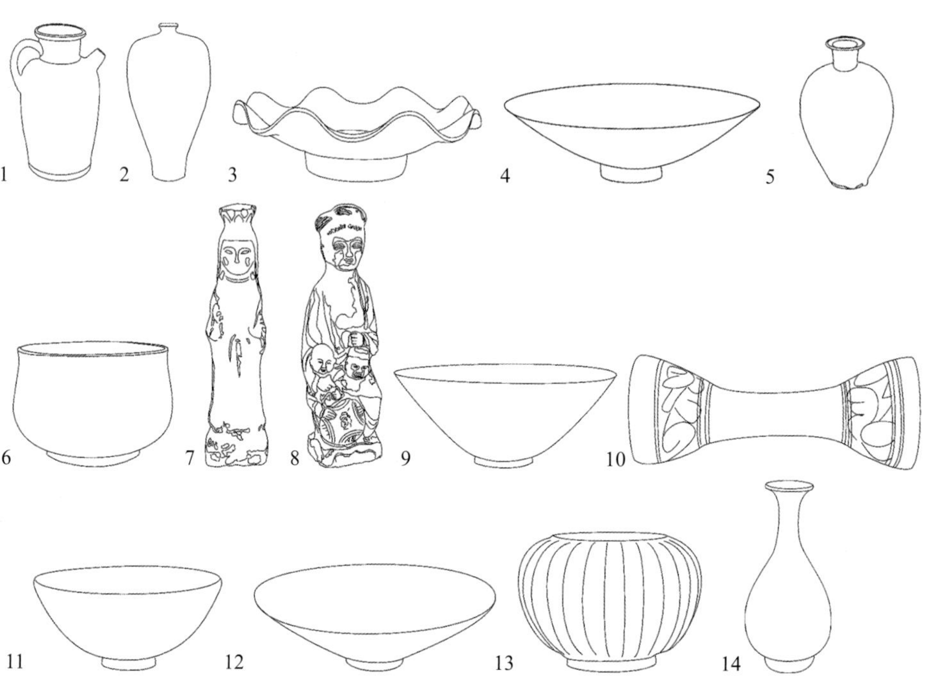

图 1：定窑遗址出土的唐代黑釉执壶，图 2：五代定窑黑釉梅瓶，图 3：欧洲私人收藏的黑釉花口盏托，图 4：北宋定窑黑釉点彩斗笠式盏，图 5：北宋定窑黑釉窑变梅瓶，图 6：欧洲私人收藏的黑釉碗，图 7—8：欧洲私人收藏的北宋黑釉妇女及中亚妇女像，图 9：北宋定窑黑釉炉，图 10：金代曲阳北镇村出土黑釉拍鼓，图 11：金代黑定描金玉壶春瓶（苏富比拍卖），图 12：河北省文物考古研究院藏北宋黑釉油滴碗，图 13：河北省文物考古研究院藏北宋黑釉褐斑盏，图 13：金代黑釉沥线纹罐，图 13：金代黑釉描金玉壶春瓶

1. 北宋 定窑酱釉金彩蝶牡丹纹碗藏于日本东京国立博物馆
2. 北宋 定窑白釉金彩云鹤纹碗藏于日本东京国立博物馆
3. 北宋 定窑黑釉金彩蝶牡丹纹碗藏于大阪市立东洋陶瓷美术馆
4. 定窑黑釉金彩蝶牡丹纹碗藏于大阪市立东洋陶瓷美术馆
5. 酱定金彩碗藏于韩国国立中央博物馆
6. 黑定金彩碗藏于韩国国立中央博物馆
7. 酱定金彩矮梅瓶在安徽省肥西县李家村出土
8. 苏富比拍卖的金代黑釉描金玉壶春瓶

图 1：唐代定窑黑釉棋子，图 2：十世纪定窑黑釉花口盏托，图 3：五代定窑黑釉梅瓶，图 4：定州出土北宋定窑黑釉残片，图 5：定州出土北宋定窑黑釉碗残片，图 6：定州出土北宋定窑黑釉碗瓷片底，图 7：定州出土定窑油滴残片，图 8：定州开元塔附近出土窑变釉残片，图 9：定州出土黑釉点彩残片，图 10：定州出土黑釉描金器口，图 11—14：定州出土北宋、金代黑釉刻花、印花残片，图 15：金代黑釉印花碗残片，图 16：金代沥线纹罐

……黑定有印花者，但发现数量不多，1980年9月采自燕山村窑址，碗里印缠枝菊纹，碗心团花一朵，下回纹一周，纹饰清晰，线条纤细，显然与白定使用同一陶范，釉呈黑褐色。吉林省哲里木盟奈曼旗1975年出土的五件印花黑褐定碗，釉均呈酱褐色。其中一件于1978年在故宫博物院“各省市自治区征集文物汇报展展览”中展出，碗里印缠枝花。另一件碗里印直线六条，分为六等份，内各印折枝花一组，纹饰线条纤细，应该是金代作品。

《中国陶瓷》

冯先铭

今天流传下来的更是屈指可数，我们把知道的各世界博物馆藏的黑定整理一下就知道，比如美国大都会博物馆藏定窑系黑釉斗笠盏（11—12世纪）、英国大英博物馆藏黑定斗笠盏（11—12世纪）、日本MOA美术馆（Mokichi Okada）黑定金彩斗笠盏（11—12世纪）、日本藏北宋黑釉金彩（脱落）盏、台北故宫博物院藏两件鹧鸪斑斗笠盏（属窑变，分属宋、金时期）、日本旧藏曾经佳士得拍卖的所谓“天外飞天”盏（属窑变）、欧洲私人收藏的两件十世纪的窑变斗笠盏和北宋褐釉盏，以及北京私人手里的一只，可能民间还有几只。可以看出定窑黑釉盏的存世量仅仅如此，定窑黑釉琢器就更是少之又少，欧洲私人收藏的五代定窑黑釉梅瓶、北宋定窑黑釉人物造像（参见《定窑瓷器探索与鉴赏（下）》146、195页）、香港苏富比拍卖的那件金代黑釉金彩（金彩脱落），以及北宋黑釉褐斑梅瓶等都是极为有限的定窑黑釉。在这些定窑黑釉里面也有窑变、描金、点彩、撒点等不同，各有特色。

7　定窑绞胎与巩县窑绞胎的区分

绞胎始于唐代，宋代靖康之变后中断（中断原因暂无定论）。其制作方法是利用两种以上不同颜色的陶泥料糅合在一起，然后拉胚成型，其器形胚胎上有类似“木纹或行云流水”式的花纹图案，犹如大理石一样，形成自然的、粗细不等、长短各异的自然纹理。

绞胎或称搅胎，器物按目前来看最初出现于唐代，有人说是受到西域玻璃制品的影响，也有人说是源于古人取瘿木制成各种多花斑器物，其纹理盘旋缠结，图案随意自然，总之，是唐代人创造出来的独特的一种陶瓷品种，这与大唐的开放政策不无关系，只有在经济繁荣、开放进取、宽松自由的文化氛围，积极向上的人文心态和博大宏放的社会心态才能够出现有创造性的作品。绞胎陶瓷创烧于唐代，但作品并不多，以北方地区的几个窑口为代表，如河南巩县窑、鲁山窑，河北定窑、当阳峪窑，陕西黄堡窑，山西浑源窑，山东淄博窑，以及南方的浙江慈溪上林湖越窑等，虽然有这么多个窑口生产绞胎器，但如今遗留、出土的完整器却是极为稀少，残片出土的也不多。所以，以往人们对这一品种的了解甚少，就连专业行家也极少去关注它，由于它的稀少、紧缺，对研究有很大的限制，据史料记载：绞胎始于唐代，宋代靖康之变后中断（中断原因暂无定论）。其制作方法是利用两种以上不同颜色的陶泥料糅合在一起，然后拉坯成型，其器形胚胎上有类似“木纹或行云流水”式的花纹图案，犹如大理石一样，形成自然的、粗细不等、长短各异的自然纹理，制作时有很高的技术要求，必须考虑几种泥的膨胀系数一致，以保证干燥和炼制中不变形、不开裂（详见《中国陶瓷史》《中国工艺美术大词典》）。

粗略区分一下，大体上唐代绞胎器物多以褐色、白色相间拧搅成纹理，饰以透明釉、黄釉及绿釉、三彩釉，而宋代的绞胎器多以深灰、白等胎土搅和拧捏，再成型上釉，有黄釉、绿釉、透明釉等，但各个窑口的具体情况、各个物件的确属窑口还有待进一步确认。

下面先来介绍一下唐代巩县窑绞胎器物，大家都知道耀州洛阳的唐三彩是非常有名的，巩县窑的白釉也一样著名，近年来不断发现，巩县窑的绞胎器物也一样非常精彩，主要有瓷枕、三兽足炉、三兽足盘等，多数器物上饰淡黄或黄色透明釉。陕西耀州窑唐代不仅生产三彩器，同时也有绞胎器物，造型也是十分典型的唐代器物，以较厚的黄釉为主，绞胎的纹理与巩县窑大体类同，由于是自然拧搅，都没有规律性可寻，例如陕西历史博物馆藏唐代黄釉绞胎盒就比较典型，施釉似乎比巩县窑的厚些，更有玉质感，大英博物馆馆藏的唐代绞胎罐也应该是陕西耀州窑的产品，还有陕西省博物馆馆藏的唐代绞胎骑射俑，这些在当地出土的绞胎器物十有八九都是当地产品，而巩县窑产品不可能运到那边，除非当地没有这种产品，又有需求，不得已才跋山涉水。

唐代巩县窑的透明釉绞胎器物与黄釉器物有些不同，透明釉一般施釉较薄，由于流动性较大，不易施厚釉，施透明釉的器物就很容易看到胎骨的纹路和颜色，也能看到釉层的厚薄，釉薄者甚至感觉没施釉似的，尤其是出土的，釉面磨损后就以为没有釉。例如，北京故宫博物院藏唐代巩县窑三兽足炉，这是一件最典型的唐代流行的造型，釉面有些干涩，感觉不到釉的存在，美国波士顿博物馆藏的三足盘保存完好，釉面明显滋润。

河北省定窑产品过去没有人知道有绞胎作品问世，通过近年的考古挖掘发现唐代定窑已经有绞胎作品问世，从曲阳定窑遗址出土的唐代定窑玉璧底绞胎残碗片就证实了这一点，定州也出土了五代定窑绞胎残器，以及曲阳出土的北宋绞胎大瓶底等都证明了定窑绞胎大约流行在唐代、五代、北宋，再往后还没有发现，定窑唐代玉璧底残碗底是定州出土五代定窑绞胎盒子盖的前身。

这件唐代定窑的绞胎唇口瓶，造型是比较典型的唐代造型，胎骨细棉，釉质滋润而有“泪痕”，这种造型的唐三彩、白釉“官”字款瓶都可以相互印证，这种造型开启了北宋、金代“嘟噜瓶”的先河，它是受到唐代巩县窑三彩瓶的影响。维多利亚博物馆藏有三件十世纪或北宋早期的绞胎作品，由于没有上手不能确定具体窑口，但是与定窑绞胎器物对比，应该很可能也是定窑作品，至少是河南、河北地区的作品。美国波士顿美术博物馆藏有三件雷同的工艺，不同的造型的作品，应该都是十世纪河南地区巩县窑的作品，该博物馆还藏有三件河南省鲁山窑的宋代绞胎器物，鲁山窑不仅生产青釉器，还生产油滴、钧釉、磁州窑风格的黑白花、珍珠底、耀州窑风格的青瓷“临汝窑”等等，很多黑釉白边的作品都是鲁山窑作品，包括一些白边绞胎器物。日本东京国立博物院藏的绿釉大碗很可能是巩县窑的作品，年代估计是晚唐、五代时期，定窑的绞胎器发现的也极少，唐代的定窑绞胎器极易与唐代巩县窑的绞胎相混淆，史料未提及定窑生产过绞胎器物，历代论文也不曾有人提到过定窑绞胎器物。前些年河北省定州市出土过唐代定窑的绞胎器物残片，玉璧底的绞胎碗底残片并没有引起人们的关注，后又发现出土有五代特征的定窑绞胎盒子残盖、唐代定窑绿釉绞胎碗等，绿釉透明度高，釉色艳美，经过岁月的洗礼釉表面赋予了七彩的彩虹，碗口边经过千年自然磨损，有些地方釉层已经磨掉，露出下面的胎骨，由于两种胎骨的强度不一，形成微微的起伏，胎骨上有些还留有绿釉的痕迹，可以看出胎釉烧结的程度非常好。而在巩县窑是不会出现这种情况的，因为巩县窑胎釉结合并不理想，没有达到真正的“磁化反应”，常常会脱落。近年又在曲阳出土了北宋定窑绞胎瓶底，我们关注到定窑绞胎的三个历史阶段的产品，对比唐代巩县窑的绞胎产品会发现它们之间的不同点。唐代巩县窑的绞胎产品比较多样，而且也早已被大家认可，不光有各种器物造型，还有绞胎的陶马，有些绞胎器物还施三彩釉，形成巩县窑的独特风格。而联想到定窑的绞胎残片与传世绞胎器物对比发现，定窑的绞胎器物基本上是受到巩县窑的影响而出现的，定窑的绞胎没有发现繁复的装饰工艺，都是简单的绞胎后成型，不像巩县窑的既有简单的绞胎器物，也有复杂的绞胎贴片和图案组合的产品，最重要的一点就是定窑绞胎的胎骨是用当地盛产的高岭土，加上1200℃以上的高温烧制而成的真正意义上的“瓷器”，在使用低温炉将绿釉二次烧成，胎釉结合非常好，而巩县窑的胎土不是高岭土，烧的高温度再高也成就不了真正意义上的“瓷器”，只能是“釉陶”，既然胎骨有了截然的不同，自然胎釉结合的效果也不同。巩县窑的釉有明显的细碎开片纹，且开片并有偃翘，仔细用指甲可以感觉得到，而定窑的开片只是在放大镜下才能看到开片，没有偃翘现象，烧结完好，巩县窑的有黄、绿等颜色釉，而定窑大都是透明釉，个别也有绿釉者，绿釉艳美透亮，在积釉处呈色翠绿，就像我们常说的定窑“泪痕”一样，在绞胎器物上也有，露胎处的纹理呈暖褐色，在釉下呈棕色，釉面细腻的硬木光泽，侧视看釉面有“莹光”，那是自然风化后的老旧光泽。

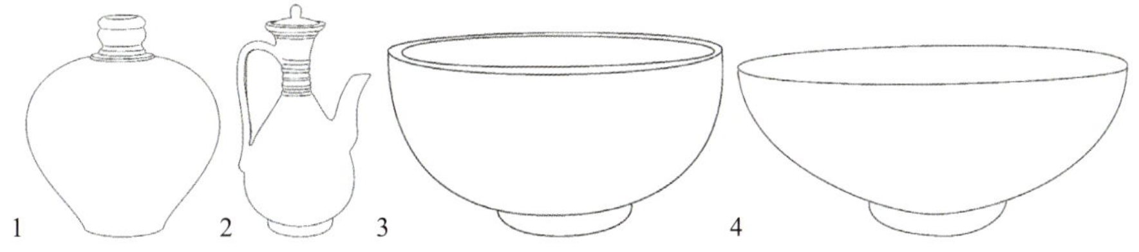

图1：唐代定窑透明釉绞胎唇口瓶，图2：晚唐定窑透明釉绞胎执壶，图3：晚唐定窑绿釉绞胎碗，图4：晚唐、五代定窑绿釉绞胎碗

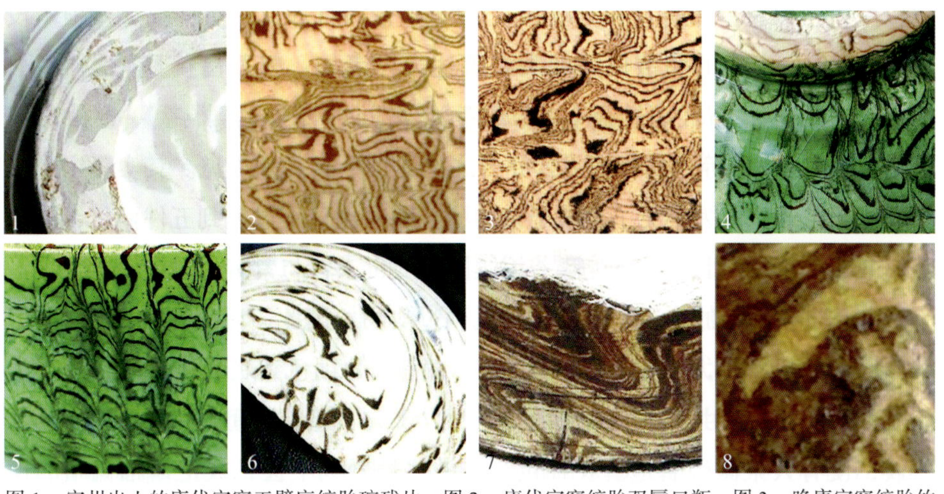

图1：定州出土的唐代定窑玉璧底绞胎碗残片，图2：唐代定窑绞胎双唇口瓶，图3：晚唐定窑绞胎竹节颈执壶，图4：唐代绿定绞胎碗，图5：唐定窑绿釉绞胎碗，图6：定州出土的五代定窑绞胎盒盖残片，图7：曲阳出土的定窑绞胎瓶底，图8：曲阳定瓷研究所藏涧瓷村出土绞胎残片

纹行炉。从这件六世纪巩县窑绿釉经典杰作可以看到当时北方绿釉高超的技术水平，不仅印纹精准奇特，而且绿釉的成色、釉质都达到了非常高的水平。

近邻河北的定窑学习和借鉴了巩县窑的一些技术、工艺，也深受巩县窑的一些影响，譬如凤首执壶的造型、净瓶的造型、行炉的造型、烛台造型等等都显示出与巩县窑的某种因缘关系，而不是受到邢窑的影响，定窑应该更多的是受巩县窑直接的影响。绿釉工艺也直接受到巩县窑影响是显而易见的，邢窑几乎不见有绿釉。

唐代定窑的绿釉在遗址中也有出土，釉质鲜亮透明度高，出土的这件唐代定窑绿釉绞胎玉璧底盏残片明显饰有白色化妆土，玉璧底流行于八世纪中期到九世纪中期（《中国陶瓷史》），这件残片时代特征、釉质、釉色、胎土都无可置疑，定窑绿釉追溯到唐代已是不争的事实。

近年发现的晚唐定窑绿釉绞胎碗极为罕见，它不像巩县窑绿釉胎骨那么软，而是相对比较坚硬的，且釉质滋润肥厚，釉色翠绿艳美，有不太起眼的开片（放大镜下），由于胎骨相对巩县窑坚硬，所以开片不像巩县窑那种带堰翘的细碎小开片，这就是定窑与巩县窑的区别之一，釉面的“哈利光”明显，触手如同久经摩磨过的古玉，口沿外侧有使用的痕迹，经久的磨损釉已经很薄，甚至露出胎骨，棕褐色胎比白胎略硬，可以摸到棕褐色纹理的微凸感觉。

唐代绿釉作品也不止一件，目前还发现有唐代定窑绿釉皮囊壶一件（参见《定窑瓷器探索与鉴赏（下）》112—115 页），这种皮囊壶大部分见到的是白釉作品，包括欧美各大博物馆藏或海外市场上的，或是 1992 年阿鲁科尔沁旗罕苏木辽耶律羽之墓出土的辽会同四年（941）褐釉提梁皮囊壶，这些作品应该是突厥占领燕云十六州时期在定窑烧造的，近年河北曲阳定窑遗址也出土过白釉同款皮囊式壶残器，足以证明我的推断，这类作品却是在曲阳定窑烧造的，耶律羽墓这件褐釉作品应该是墓主人生前的遗物，而这件绿釉作品就是更为罕见的釉色，这类造型的作品精细者是定窑作品，略粗的是辽代撤回漠北以后继续生产的作品。过去这类作品都认为是辽代作品，因为带有辽代风格，但是近年来在曲阳陆续出土过白釉皮囊壶、杯口凤嘴瓶等带有典型辽代风格的残器，这就足以说明问题，晚唐、五代时期曾为突厥统治者生产过具有他们民族风格的作品，实打实的第一手资料，验证了这类定瓷被误判为辽代的事实。

五代定窑绿釉作品也有极为经典的杰作，唐、五代流行于河南、河北的盘口瓶就是一个非常具有时代特征的造型之一。唐代巩县窑的盘口瓶各式各样，而定窑的盘口瓶也有几种不同，有碗状盘口瓶（《定窑瓷器探索与鉴赏（下）》126—127 页）、印尼井里汶沉船打捞出土的特大盘口瓶，以及直立盘口，这件绿定盘口瓶从造型到纹饰应该到不了唐代，又早于北宋，釉呈细润的玻璃质、透明度极高，釉色翠绿，刻划早期的定窑纹饰，高温烧造好胎，再入低温彩炉烧成，与明清绿釉瓷器使用同样工艺。耀眼的五彩缤纷的彩虹“袈裟”笼罩在翠绿的绿定釉上，闪耀着岁月的光环，诉说着历史的沧桑。

定窑北宋早期的绿釉作品可以从河北省定州市塔基出土的绿釉净瓶为标准，其实这件出土于十世纪晚期的绿定作品只能说明出土纪年是它的下限，也就是说最迟不会晚于十世纪晚期，而它真正的烧造年代有可能更早。

在这时期前后，辽代的绿釉作品也在一直生产，自辽兵在十世纪初期占领燕云十六州期间就在曲阳烧造定窑瓷器，其中当然也包括绿定作品，在948年辽兵撤回漠北以后，同时掠夺了不少定窑工匠，带回漠北继续为统治者烧造瓷器。但是由于当地的瓷土原料远不如定州地区的好，故而烧造出来的作品无法与定窑相提并论，但是有很多从器型、纹饰等方面与定窑的“姻缘关系”都显而易见，而辽代的绿釉也有制作得相当精细的，它的纹饰是传统定窑惯用的莲瓣纹装饰，大朵的莲瓣纹也是十世纪流行的纹饰。

1972年，吉林出土的绿釉刻花凤首杯口瓶就是辽代早期流行的一种瓶，与五代定窑白釉刻缠枝牡丹纹五瓣杯口凤首瓶造型类似（参见《定窑瓷器探索与鉴赏（下）》142—145页），契丹占领燕云十六州时期制作了一批带有“异域风格”的定窑器。948年辽兵撤回漠北后，仍然继续生产同类型的器物，只是造型、质量受到地域性影响略差于定窑，精品虽然也有出现，吉林出土的那件算是比较精细的辽代绿釉凤首瓶，但大多数辽绿釉作品的釉面粗糙。

定州近年出土的定窑绿釉“饼干胎”盖子，这种称为“饼干胎”的胎骨属于低温胎或是一种与巩县窑类似的胎骨，烧造温度的局限使得胎骨没有完全瓷化，所以胎骨松软，类似饼干，故称“饼干胎”。定窑低温绿釉器物胎骨与六世纪巩县窑胎骨近似，但有些比巩县窑的还要松一点，釉色相近，颜色依然翠绿鲜艳，绿釉旋纹渣斗的装饰法是流行于唐代的，我们看看瑞士鲍尔先生收藏的那件唐代七世纪的绿釉旋纹三足炉，以及唐代定窑许多旋纹装饰的白釉器物。双耳罐流行于北宋、金代，尤其以金代的黑釉沥线纹双耳罐最为著名，而北宋定窑的双耳罐属于比较罕见的，它是继承唐代泥条式双耳罐的形式，将泥条改变成双片耳，并得到了流行。

绿定的高温瓷胎作品最为稀罕，自1957年故宫和国家考古队对定窑遗址第一次考察拾到一片高温胎绿定龙纹瓷片后才知道定窑有高温胎绿釉作品，但是几十年来从未再发现瓷片及其制品。反而近些年曲阳、定州一带出土了比较多的定窑缸胎绿釉瓷枕残片，偶有瓶、炉等造型的残片。这些基本上都是金代定窑的产品，很多在缸胎表面加饰白色化妆土，而高温胎一直没有发现，这件绿定高温胎刻缠枝莲花纹玉壶春瓶的时代明显（参见《定窑瓷器探索与鉴赏（下）》190—193页），它为我们还原了绿定高温胎的历史原貌，北宋诗人张先在他的《劝金船·流杯堂唱和翰林主人元素自撰腔》词中也明确描述了“绿定见花影”的词句，绿定改写了“中国陶瓷史”，使“绿定”的史无记载，变成“宋词有著”。

其实注意观察就会发现前面五代绿定盘口瓶也是高温胎的一个典范。该玉壶春瓶的时代风格、造型特点、釉面的彩虹都向我们诉说着它历经沧桑的洗礼和久经风霜的磨炼，釉面的彩虹或称“苍蝇翅”，也称“哈利光”，是特定环境或历经沧桑由内而外散发出来的，非人工所致，近些年市场上对清代绿釉器也有人伪造“哈利光”的，但是那些都是表面现象。

近些年定州及定窑遗址陆续出土不少绿釉定窑作品残片，但多数是北宋晚期、金代的缸胎作品，这类作品多在较为粗灰色的缸胎外施一层白色化妆土，再罩上绿釉烧成，胎骨坚硬。到了金代晚期、元代（13 世纪）定窑的绿釉器物仍然有作品问世，只是十分稀有，这种绿定罐的造型明显已经到了金代晚期、元代，它不再像北宋那样精巧秀美，而更接近元代的青花罐。

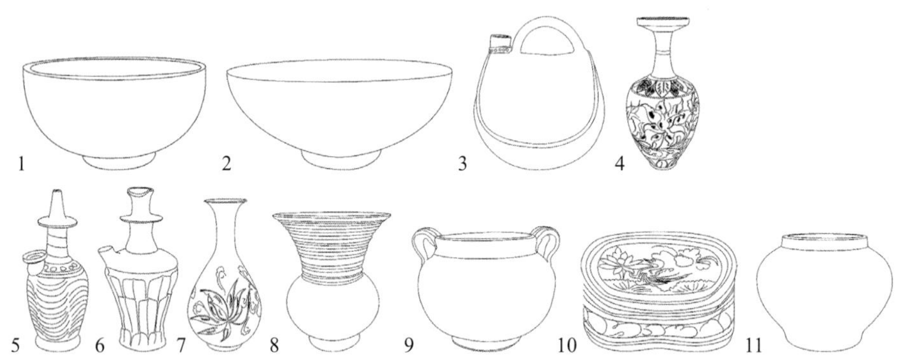

图 1—2：晚唐定窑绿釉绞胎碗，图 3：唐代定窑绿釉皮囊壶，图 4：五代定窑绿釉刻缠枝牡丹纹盘口瓶，图 5：定州博物馆藏定州塔基出土绿釉净瓶，图 6：定州博物馆藏定州塔基出土三彩净瓶，图 7：北宋定窑绿釉刻缠枝莲纹玉壶春瓶，图 8：北宋定窑绿釉弦纹渣斗，图 9：北宋定窑绿釉双耳罐，图 10：定州博物馆藏金代定窑绿釉瓷枕，图 11：金元定窑绿釉罐

定窑绿釉总体上讲可以分四种不同类型的胎骨，即高温胎、低温胎、缸胎及绞胎，常见的多为金代的缸胎器物，诸如金代绿釉瓷枕，定窑晚期常常仿制磁州窑风格的器物，此时的胎土也相对粗糙些，故也常施加白色化妆土，再罩以绿釉。而九世纪的定窑绿釉也是在较为灰白的胎土上先罩以白色化妆土，十世纪的定窑绿釉就有高温胎与低温胎的区别，高温胎的与白瓷胎骨一致，低温者有些像巩县窑的陶胎，细白而软。

绿釉一般呈透明度高的玻璃质绿釉，唐代无开片纹，宋代弧面器物开长斜曲线纹，长线之内布满小冰片纹，平面开片呈古罗马教堂彩色玻璃一样的开片及九色荧光，釉面平整干净，釉色翠绿鲜艳，积釉处略深，和白釉一样也同样有开片，均以三点支烧，定窑大部分色釉器均以三点支烧方法，很多器物的足背上都可以看到明显的支烧痕，甚至在唐代白釉器物也有三点支烧器，那是唐代定窑小件器物。

绿定一向不见文献著录，1957年于涧磁村发现了两件碎片，一片较小无纹饰，一片为盘，盘里心刻云龙纹，龙身鳞纹刻法与白定同类装饰如出一辙。烧低温铅釉有悠久历史，早在东汉时已出现，各地出土绿釉陶器很多。隋唐时期绿釉陶在北方墓葬时有出土，北宋到金朝时期河南、河北两省瓷窑烧绿釉者较多，河北省除定窑外，磁州窑烧绿釉枕、炉、瓶、罐等器，装饰有印花及绿釉黑花，也有不附加装饰的，釉色翠绿可爱。定窑之有绿釉品种也不足为奇，但史无记载加之传世稀少，就比较珍贵和引人另眼相待了。

《中国陶瓷》

冯先铭

图1：窑址出土唐代绿定玉璧底碗残片，图2：晚唐绿定皮囊壶，图3：十世纪绿定盘口瓶，图4：北宋绿定玉壶春瓶，图5：1957年窑址采集残片，图6：十世纪绿定盘口瓶，图7：北宋绿定双耳罐，图8：北宋绿旋纹渣斗，图9：遗址出土瓷枕残片，图10—12：现代赝品

统伦理观念的影响，中国人几千年来有一个不变的追求，即对多子、富贵的渴望。孟子曰：“不孝有三，无后为大。”这一子嗣观是中国传统生育观的基础与核心，引发出以生为德、以孝为本、多子多福的观念。再加上宋代原本就重视儿童的生育和教育，必然导致儿童题材绘画的盛行。活泼可爱的儿童题材绘画寄托了古人传宗接代和望子成龙的美好愿望，具有代表性的是佚名的《百子嬉春图》和苏汉臣所绘《长春百子图》，虽名“百子”，但并非真正画一百个孩子，只是以“百”为“多”的意思，寓意“多子”。“百子”自然也就寓意子孙生生不息，体现生命繁衍的美好愿望。百子构图后来成为明清年画不可或缺的题材。

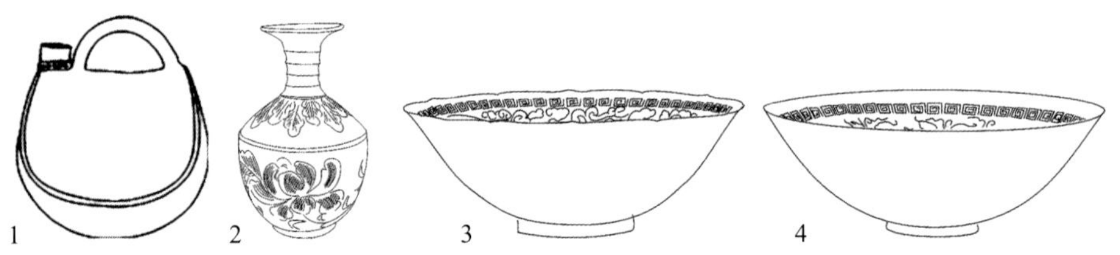

图 1：1992 年内蒙古耶律羽墓出土褐釉提梁皮囊壶，图 2：欧洲私人收藏的北宋定窑褐釉刻花长颈瓶，图 3：欧洲私人收藏的宋金定窑褐釉印凤穿棱口碗，图 4：欧洲私人收藏的宋金褐釉印婴戏纹花口碗

以上几点仅是针对个别釉色的一些观点、认识，有些观点、认识不一定准确，也有些东西是很难用语言来描述、表达的，最好的老师还是看实物。我们为读者展现尽量最全面的定窑色釉品种，以期能够更全面地反映当年定窑的各个色釉品种的原貌。每个人对器物的造型、工艺、釉色和胎骨的认识、理解不同，观看的角度也不一样，自然发现的问题也就各异，我们希望通过尽可能多地展现器物的各方面信息，让读者能够通过这本册子，更全面地认识各个时代的定窑色釉器物工艺特征、胎釉呈现的效果，尽可能地还原定窑色釉的全貌，让更多的爱好者重新认识定窑。

河北地区出土资料：

1956 年，河北吴桥县小马厂村东魏墓出土青釉六系罐 1 件、青釉四系盘口壶 1 件，十分精美。

1958 年，河北邢台市三义庙村发现了北魏至北齐时期的北朝末期墓葬群，出土器物有青釉盘口四系壶、青釉高足盘、青釉平底盘和青釉实足碗。

1971 年，河北平山三汲村北齐崔昂墓出土四系罐、盘口壶、唾盂、碗等 14 件器物，其数量之多、质量之精美为同期墓葬所罕见。

1974 年，河北磁县东陈村发现了东魏赵氏墓，出土瓷器 8 件，其中，青釉细颈瓶 1 件、酱褐釉细颈瓶 1 件、四系罐 2 件、小瓷壶 2 件及双耳瓶 2 件。

1975 年，河北磁县东陈村发现北齐尧峻墓，出土器物有青釉高足盘 1 件、青釉高足三耳壶 1 件和青釉罐 3 件。

1973 年，河北省文物管理处对景县北朝高氏墓群进行了发掘，其中高雅墓出土黄釉器 2 件，高长命墓出土青釉碗 5 件，高潭墓出土青釉四耳罐 7 件。

1973 年，河北景县一座东魏墓出土黄褐釉盘口瓶 1 件。

1975 年，河北磁县东槐树村发现了北齐高润墓，出土瓷器 17 件，其中，青黄釉鸡首壶 1 件，青黄釉覆莲纹盖罐 2 件，青黄釉罐 6 件，青釉烛台 3 件，青釉碗 4 件。

1976 年，河北赞皇县南邢郭村发现了东魏李希宗墓，出土瓷器 18 件，其中，青釉碗 16 件，青釉带系罐 2 件。

1977 年，河北黄骅县发现北齐常文贵墓，出土青釉碗 5 件。

1978 年，河北吴桥县发现了四座北朝墓，其中北魏墓一座，出土青釉碗 2 件；东魏墓一座，出土青釉碗 1 件；北齐墓两座，出土青釉碗 6 件。

1978 年 9 月至 1979 年 6 月，磁县文化馆对东魏茹茹公主墓进行了发掘，墓中出土青釉仰覆莲带盖瓷罐 1 件。

1982 年，在曲阳县沟里公社王家弓村西北角距地表 15 米深处发现隋尉仁弘（死于大业八年，即 612 年）的墓志和两件瓷器．一件是青釉四系罐，一件是白釉盘口瓶。这件白釉盘口瓶胎色白中泛灰，瓶身敷白色化妆土，施透明釉，釉色白净光润。可以看出到隋代，北方地区白瓷已经兴起，突破了传统青瓷的格调，开始开创了陶瓷业发展的新的里程碑。

1987 年，中国社科院考古研究所、河北省文物研究所联合对磁县湾漳村北朝墓进行了抢救性发掘，出土青瓷罐 10 件。

另据《河北省出土文物选集》载：河间县沙窝村一座东魏墓出土青釉鸡首壶 1 件。

隋代墓葬在河北地区发现较少，就公开发表的资料来看，仅在唐县、临城、曲阳、饶阳等地有发现，而且出土瓷器数量也较少，器型多是碗、罐、瓶等。

2017 年冬于五梅堂

2022 年修正

12 附录

定窑瓷器以白釉闻名于世，那是人们早已经熟悉的五大名窑唯一的白釉。而定窑自隋代以降，至金元八百年的历史变迁，又经过了怎样的蜕变？我们的祖先在远古就已经能烧造出精巧的青瓷，而要想烧造出洁白的白釉瓷器那绝非易事，到了六世纪才在北方烧出了真正意义的白釉，再加上河北地区天然高岭土的原材料，才有幸烧造出来了真正意义上的白瓷器，又经过了三四百年的不断改进与探索，才纳入了宫廷“订烧”的规划中，将定窑白瓷推到了中国历史上的第一个巅峰，这就是晚唐、五代的定窑。

经过漫长的探索与实践，晚唐定窑已经被列入烧造皇家贡瓷的行列，这在最典型的，有纪年墓的临安钱宽墓［葬于光化三年（900 年），出土 17 件“官”字款，1 件“新官”款］、水邱氏墓［901 年，出土 3 件“官”字款，11 件“新官”款］出土的定窑白瓷得到了验证。

宫廷所用定窑贡瓷，已发现的题铭有：“官”“新官”“尚食局”“尚药局”“奉华”“风华”“慈福”“聚秀”“禁苑”“德寿”等，说明定器中有一部分是专供宫廷使用的。

有学者认为“官”是“官样”之意，“新官”自然就是与“官样”相对而言的“新官样”了。这样理解似乎不妥，因为我们发现很多带有“官”与“新官”是同样的造型，何来“官样”与“新官样”之说？如果是“官样”与“新官样”的话，那自然两种器物的造型或某些特点应该有所不同，然而，可我们仔细观察发现，它们之间没有什么特别的不同，造型、釉色、工艺大体一致，这就有些费解了，既然是“官样”与“新官样”就应该有所区别，才能体现出所谓“新官样”的含义，所以应该不是“官样”的含义，或者是皇帝相继订烧的标志？更有可能是分次订烧的概念，就如法门寺出土的账单上有“恩赐”“新恩赐”道理一样，是分两次恩赐的金银器，定窑的“订烧”很有可能也是分两次下的“订烧”单。这样解释应该更合情理，晚唐之后的众多“官”“新官”款，都只是一种延续的形式，因此，按此理唐代官府在定窑只下过两次订单，分别订制了“官”款和“新官”款。这很有可能是唐懿宗的订单，李漼是唐代最后一个以长子继位且在长安平安度过帝王生涯的皇帝，也只有他还可以骄奢淫逸，到了唐僖宗时期黄巢起义，皇帝东躲西藏，唐昭宗时代更加没落，因此，都不具备为宫廷“订烧”定窑瓷器的可能性。

从出土材料看，目前最早的“新官”款定窑出自钱宽墓［葬于光化三年（900年）］，而有确切纪年的最早的“官”款瓷器也出于同一墓，足以说明这些定窑都是墓主人生前珍惜的物件，888年钱宽被封为威胜军节度推官、检校尚书，有可能是镇压黄巢起义有功封官、赏赐。但可以推断应该是唐懿宗时期“订烧”的两次供宫廷特订器物，长安出土的30多件带“官”字款定窑器物，也从侧面印证了唐懿宗曾经的奢华。

1987年，陕西扶风法门寺地宫出土了一通入藏时镌刻的供奉藏品之物品账目石碑，碑文开头说“监送真身使应从重真寺随真身供养道具及恩赐金银器物宝函并新恩赐到金银宝器衣物如后”。这句话值得注意的是“恩赐”和“新恩赐”两词。从碑文中得知，“恩赐”物系唐懿宗（860—874）李漼所赐，“新恩赐”物系其继承人唐僖宗（874—888）李儇所赐。而“官”“新官”与“恩赐”“新恩赐”形式类同。这里明确记载是两次恩赐，所以“订烧”的定窑也应该是两次下单，而不是不同的式样。

而浙江临安唐昭宗光化三年钱宽墓和约葬于唐昭宗天复元年（901年）的水邱氏墓出土的，镌刻有“官”“新官”的定窑白瓷也很有可能是唐懿宗与唐僖宗时期“订烧”的器物，由于唐僖宗继位不久天下大乱，要么就是唐僖宗刚一即位便下了订单，被称为“新官”？随后的天下大乱很难想象有闲情“订烧”定窑，或是其父唐懿宗“订烧”了两次留下的？总之是在874年前后订烧的“新官”款作品比较合适，很有可能这些宫廷御用定窑早已赏赐给了钱宽父子，后作为生前珍爱遗物做了殉葬。

日本陶瓷金家森达在《2002越窑国际学术讨论会专辑》中这样描写的：玉璧底，已发现的纪年墓出土的越窑青瓷玉璧底碗，最早的例子是778年的河南省偃师杏园唐墓M5036出土品。年代晚的例子有840年的安徽省合肥机务段墓和851年的浙江省绍兴县唐墓等。

可以认为8世纪后期的器形的特征是：底直径宽，器物高度低，玉璧底中央洼坑的直径是底直径的三分之一以下。不过，随着时代推移，器物高度渐高，底直径渐小，玉璧底中央的洼坑的直径渐宽到底直径的二分之一以上。

“泰国南部遗址出土的定窑与巩县窑的粗白瓷不同，其胎体薄而坚致，原料细腻，不使用化妆土，为典型的定窑器形，釉面与胎体结合紧密。器形上更接近晚唐风格，而不是五代和北宋的风格。”何翠媚、斑臣在《中国古代白釉国际研讨会论文集》中是这样描写的。

“宝历二年为公元826年，由此可以初步判断，该船在中国装货的年代应距此不远…… 除持壶和罐为平底外，其他器形均为有圈足，圈足一般较浅。碗多为玉璧形底；杯少量为玉璧底，大部分为较宽的玉环圈足；杯托则都为玉环形圈足…… 邢窑和曲阳窑无论是胎还是釉，各项指标都非常接近，至少从常量元素上很难对两者进行区分”（参见《唐代“黑石号”沉船出土白瓷初步研究》，《中国古代白釉国际研讨会论文集》上海书画社，2005年，陈克伦）。

“官与新官款器物统计”简介

表1　最新据不完全统计“官”“新官”款定窑白瓷一览表

出土或收藏单位	名称	时代	“官”款	“新官”款	备注
河北灵寿县景福二年出土	—	893年	1件	—	—
浙江临安钱宽墓出土	盘、碗、杯、注子14件	900年	17件	1件	卒于895年，葬于900年
长沙文物工作队	4件白瓷莲瓣形、荷花形碟	晚唐	1件		1978年，长沙国防科技大学校园出土
浙江临安水邱氏墓	—	901年	3件	11件	—
唐长安城的安定坊遗址内	碗、盘残片	晚唐	33件		陕西西安的安定坊遗址内的火烧壁
湖南长沙五代墓	碗1件	五代	1件	—	—
湖南省博物馆	罐1件	五代	1件	—	—
上海博物馆	碗、盘、罐3件	五代	3件	—	—
北京故宫博物院	罐1件	五代	1件	—	—
河北定窑遗址采集	碗底1件	五代	1件	—	《文物》1959年7期67页
河北定窑遗址采集	瓷片15片	五代	14片	1片	1985年，对涧磁村、北镇遗址发掘
河北曲阳五代墓	不详	五代	1件	—	1994年
河北定州尧方头村	不详	—	2件	—	1995年
河北定县文化馆	盘、碗2件	五代	1件	1件	—
日本东京国立博物馆	罐、壶2件	五代	1件	1件	—
瑞典私人收藏	盘1件、罐	五代	2件	—	—
英国大英博物馆	白釉盘口瓶	五代	1件	—	—
英国戴维德博物馆	盘2件	五代		2件	—
法国私人收藏	尊、盖罐、碗、盘9件	五代	5件	5件	—
欧洲私人收藏	斗笠盏、三瓣盘	晚唐、五代	2件	—	—
日本出光美术馆	白釉皮囊壶	晚唐	1件	—	—
山东青州博物馆	壶1件	五代	1件	—	应为晚唐，与临安出土壶一样
民间散落	碗、盘、瓶、盒等	晚唐、五代	约56件	13件	—
北京赵德钧墓出土	碗3件	958年	2件	1件	《考古》1962年6期249页
辽宁赤峰辽驸马墓出土	盘、碗4件	959年	4件	—	《考古学报》1956年3期27页
河北定县北宋塔基出土	瓶、碗、洗等17件	977年	16件	1件	《文物》1972年8期39页
宋太宗元德李太后陵	37件白瓷中有16件带款	1000年	16件	—	河南巩县出土
北京顺义辽塔出土	罐1件	1013年	1件	—	《文物》1954年8期49页

续表

出土或收藏单位	名称	时代	"官"款	"新官"款	备注
内蒙古文物考古所	盖罐 1 件	1018 年	1 件	—	1986 年，辽陈国公主墓出土
辽宁法库叶茂台墓出土	碗 4 件	五代末	4 件	—	《文物》1975 年 12 期 40 页
辽宁建平辽墓出土	碗、瓶 3 件	辽	2 件	1 件	《考古》1960 年 2 期 15 页
辽宁赤峰辽墓出土	碗 4 件	辽	4 件	—	《考古》1959 年 1 期 48 页
德国北豪森美术馆	盘口瓶	10 世纪	1 件	—	—
纽约私人收藏	盘 1 件	北宋初	1 件	—	—
埃及富斯塔特遗址出土	盘底 1 件	唐	1 件	—	—
西德私人收藏	碗 1 件	—	1 件	—	—
美国纽约私人收藏	盘 1 件	—	1 件	—	—
台北故宫博物院收藏	碗、托子 3 件	—	3 件	—	—
定州原市政府工地	各类残片	唐至宋	一百多片	几十片	—
合计	—	—	209 件	39 件	—

据不完全统计，近十多年来，定州一带出土北宋、金代三万多件"官""新官"款残片。

表 2　最新统计定窑带款一览表

出土或收藏单位	名称	时代	施釉后刻款	釉下刻款	烧造后刻款	备注
英国维多利亚和阿博特博物院	白釉四足绳纹水盂	780—784 年	"建中年造"	—	—	唐代德宗李适时期的"建中"年号
私人收藏	唇口白釉罐、残片	晚唐	—	"盈"	—	玉璧底
定州原市政府工地	残片	十世纪	—	"易定"	—	—
定州原市政府工地	残片	十世纪	"定州酒局"	—	—	印款
定州原市政府工地	残片	十世纪	"定州公同"	—	—	印款
欧洲私人收藏	刻双凤纹大食盒	五代	—	"凤华"	—	薄胎高足盒
欧洲私人收藏	温酒碗	五代	—	"府"	—	—
私人收藏	笠式碗	五代	"八十"		—	款刻内底
欧洲私人收藏	酒注	五代	—	"寿酒"	—	—
私人收藏	刻莲花瓣碗	五代	—	"官五"	—	—
私人收藏	刻划牡丹纹梅瓶	五代	"卅"		—	—
私人收藏	白釉镇墓兽	五代	"四"		—	—
定州博物馆及私人收藏	白釉平顶盖罐盖罐、梅瓶	北宋	"至道元年"	至道元年四月 日……	—	—
涧瓷岭、燕川村遗址出土	瓜棱罐、盘底 25 片	五代、北宋	"尚食局"	"尚食局"	—	1985 年，涧瓷岭、燕川村遗址发掘，2009 年，窑址出土龙纹碗残片
私人收藏	白釉五瓣花口笠式碗	五代		"尚食局"	—	—

续表

出土或收藏单位	名称	时代	施釉后刻款	釉下刻款	烧造后刻款	备注
私人收藏	内白釉外酱釉瓜棱罐、晚唐五瓣瓜棱腹酒壶	晚唐五代	—	“尚食局”	—	晚唐、五代白釉、双色釉器
定窑遗址出土	白瓷碗残片 8 片	北宋	“尚”	—	—	2009 年 10 月，遗址出土
定州出土	白釉龙纹盒	十世纪	“尚药局”	—	—	近 20 年来，出土众多
瑞典乌而里瑟港远东博物馆	白釉小杯	北宋	—	“尚食局”	—	—
私人收藏	白釉五瓣花口笠式碗	五代	—	“颍川记”	—	—
遗址出土及定州出土	盘底 10 片，大盒底残片 2 件	北宋	“尚药局”	“尚药局”	—	1986 年、2007 年、2009 年，遗址发掘
浙江省博物馆	白釉龙纹瓷盒	北宋	‘尚药局’	—	—	2007 年，浙江大学出土
瑞典博物馆	白釉素面小杯	北宋	‘尚药局’	—	—	—
遗址出土	盘底 1 片及刻龙纹盘底 1 片	北宋	“东宫”	“东宫”	—	1986 年、2009 年，遗址发掘
私人收藏	印花八瓣开光花瓶纹	北宋	“东宫”	—	—	印饕餮纹花瓶、折枝花八瓣碗
涧磁岭遗址发掘	遗址出土	北宋	—	“公用”	—	1989 年
涧磁岭遗址发掘	遗址出土	北宋	“五王府”		—	1986 年
私人收藏	剔刻花凤头壶	晚唐	“朝真”		—	—
—	残片	北宋		“乔位”	—	—
定州出土	残片	北宋	“龙”	—	—	—
—	残片	北宋	“天水郡”	—	—	—
—	残片	北宋	“会稽”	—	—	—
—	—	北宋	食官局正七字	—	—	—
—	碗底残片	北宋		—	“文耳”	—
—	盘残片	北宋	“曹”	—		—
—	—	南宋	—	—	“德寿”	—
—	—	南宋	—	—	“聚秀”	—
—	—	南宋	—	—	“慈福”	—
私人收藏	晚唐划花“奉华”款圆腹瓶、碗、盘	晚唐、五代及南宋	—	“奉华”	“奉华”	—
—	—	南宋	—	—	“凤华”	—
—	—	南宋	—	—	“花苑”	—
—	—	南宋	—	—	“禁苑”	—
—	印纹“李翁”、李小翁	北宋	—	“李小翁”	—	印花款
欧洲私人收藏	褐釉印童子戏莲纹碗	北宋	“少”	—	—	黑褐釉印花器底

续表

出土或收藏单位	名称	时代	施釉后刻款	釉下刻款	烧造后刻款	备注
私人收藏	白釉黑彩兽面塔式灯	1162 年	大定元年	—	—	款刻于内底
私人收藏	白釉黑彩祖师佛造像	1163 年	—	大定二年	—	款刻于底部
北京故宫博物院	白釉剔莲花纹枕	1169 年	—	—	大定八年	“大定八年正月初四日康军使宅置到”墨书款
英国大英博物馆	刻莲瓣纹印模	1189 年	大定己酉岁	—	—	大定己酉戊子月末旬五日东张造
1978 年曲阳北镇出土	菱龙纹盘印模	1189 年	甲辰正月望日造	—	—	刻于印模的干支款
1978 年曲阳北镇出土	菊花纹碗印模	1189 年	甲辰蕤宾十四日	—	—	印模的内壁刻干支款
英国大英博物馆	刻莲花瓣纹印模	1203 年	泰和三年造	—	—	—
英国大英博物馆	四季花纹碗模	1206 年	泰和丙寅岁辛丑	—	—	“泰和丙寅岁丑二十四日画”款

下篇

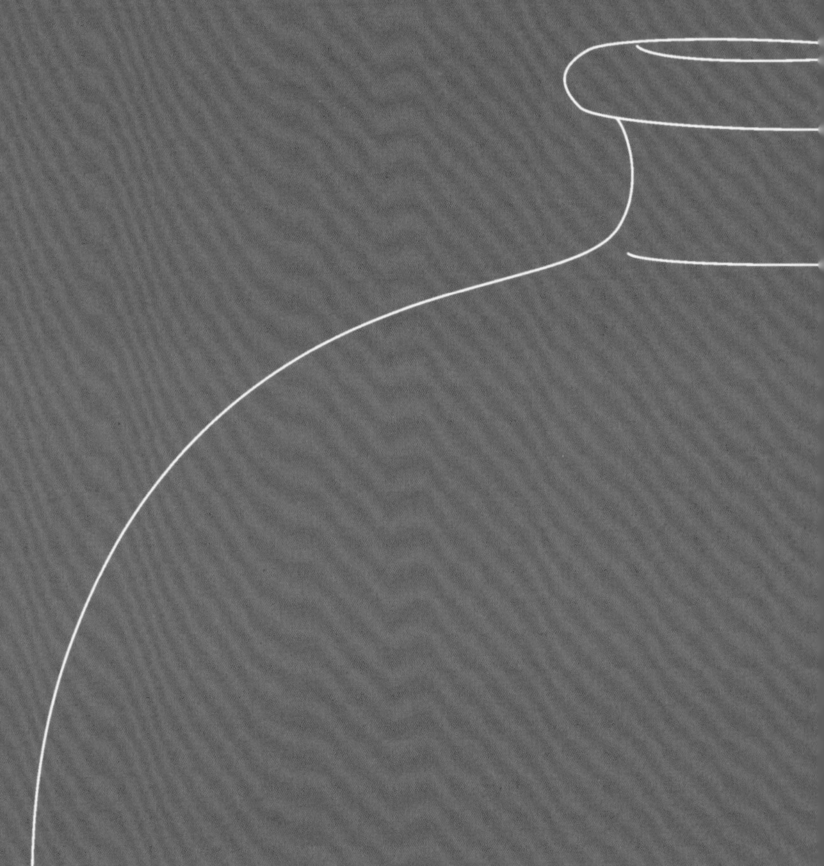

1 隋代定窑青釉钵

A RARE "DING" CELADON ALMS BOWL SUI DYNASTY

Ref: In 1965，unearthed from the pagoda of Guoqing Temple in Tianziyu，Chang'an County，Shaanxi Province，Shaanxi Museum collection

早期还属于烧造青釉器的窑口，定窑创烧应该不晚于六世纪，经过数十年的积累，在烧造青釉的基础上，受到巩县窑白釉的影响，慢慢降低釉中的铁含量才进入白釉阶段，虽有部分延续性，但是应该也不是开始烧造白釉，青釉就不再烧造了。青釉含铁量较多，釉质透明度高且多带有细小的开片纹，该件钵应该就是最早的定窑产品之一，敛口钵造型比较原始，与南方两晋南北朝时期的青釉比较接近，釉质透明玻璃质，带有细小的开片纹，施釉过腹部中线，下部露胎，底足为微内凹，胎质细棉而较坚，看似坚硬，触手绵滑。

H: 8.1cm L: 15cm Bas: 5.8cm

▲ 1965 年，在陕西省长安县天子峪国清寺塔出土，由陕西博物馆收藏

隋唐定窑内白釉外酱釉唾盂

A RARE "DING" REDDISH-BROWN JAR SPITTOON SUI/TANG DYNASTY

Ref: Compare a similar white jar and cover，unearthed from Tang Tomb in Shan County，Henan Province in 1957

隋、唐代时期，定窑不仅生产出非常高水平的青釉，还有内白釉、外酱釉，而且产品还很成熟，这件唾盂应该是定窑酱釉年代最早的作品之一，造型受到两晋唾盂影响，与隋唐造型风格几乎一致，直立盘口、弧颈、下垂腹、较浅的圈足，足底满釉，有被刮痕迹，自然粘砂，胎土细腻绵滑，含有较多的灰色细小颗粒，酱釉色泽艳丽，细腻光滑，极为精巧，应是六七世纪产品，极为罕见，双色釉器物尤为珍贵。见《中国陶瓷史》唐代器形图 220 页及 1992 年内江出土邢窑同造型器物。

H: 12.5cm d: 7.7cm d: 11.1cm

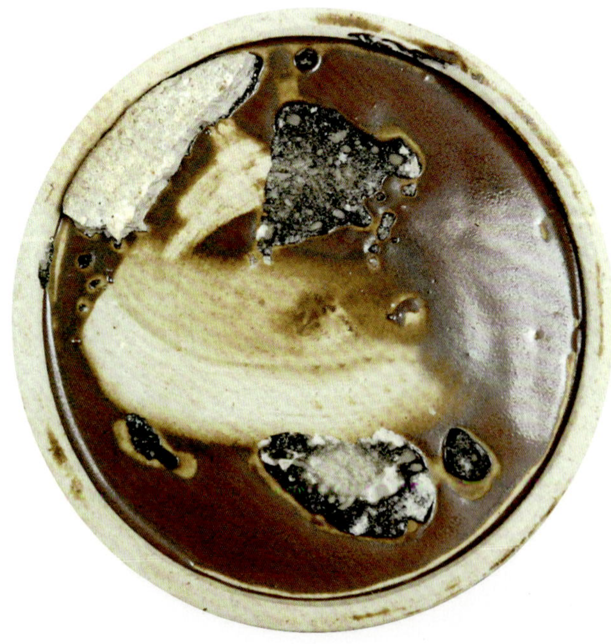

▲ 1957 年，河南陕县唐墓出土的白釉带盖唾壶

3 隋唐定窑内白釉外酱釉三系折肩瓶

A RARE "DING" REDDISH-BROWN VASE
SUI/TANG DYNASTY

Ref: Compare a very similar "DING" white vase，Sui/Tang Dynasty，《Exploration Dingyao & Appreciation II》P9

隋代非常流行这种三系壶，小直盘口，丰肩，肩上饰三个双泥条系，鼓腹、宽圈足，内施白釉，外施酱釉，釉质细腻光滑，呈色艳丽，胎质较细腻而暖白、绵滑，从造型学来看是比较典型的隋代流行造型，可以参照美国芝加哥艺术院博物馆馆藏北齐盘口三系瓶，隋唐青白釉盘口三系瓶（《定窑瓷器探索与鉴赏（下）》第 9 页），以及河北省临城文管所藏邢窑三系罐等。

H: 30cm d: 9.5cm

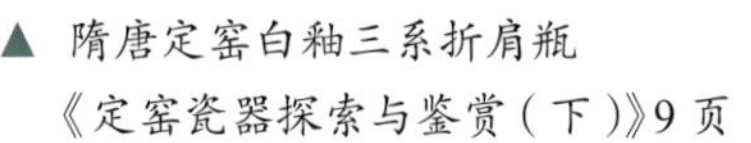

▲ 隋唐定窑白釉三系折肩瓶
《定窑瓷器探索与鉴赏（下）》9 页

隋唐定窑内白釉外酱釉深腹墩式大碗

A VERY RARE "DING" REDDISH-BROWN BOWL SUI/TANG DYNASTY

Ref: Compare a similar white bowl，Sui Dynasty，excavated in kiln site "Jiacun"，Hebei Province in 1980

深腹平底碗是比较典型的隋代碗造型，这一点在北方众多的隋代窑址和墓葬出土中得以证实，就像《中国陶瓷史》里描述的："烧制的碗均为深腹、直壁、平底，与北方隋墓出土的白瓷碗相同。" 1980 年，在河北临城与内丘交界的贾村发现隋代窑址中出土了一些白釉深腹碗是最有说服力的依据。该碗虽然不是白釉器，但是这种酱釉器在定窑隋唐时期已经非常流行，从形制上考量，应该与贾村出土的隋代白釉碗同属一个时期，而且这一时期的深腹碗最具时代特征，定窑早期酱釉创烧于何时尚不能确定，此件应该算是一件早期双色釉代表性佳作。

D: 21.2cm H: 14.9cm d: 12.1cm

唐代定窑酱釉凤嘴执壶

A FINE AND RARE "DING" REDDISH-BROWN EWER TANG DYNASTY

Ref: Compare a very similar silver "phoenix mouth" pot，Tang Dynasty，unearthed in Dayegu Village，Kuancheng County，Hebei Province in 1984

唐代酱釉凤嘴平底持壶，凤嘴持壶流行于盛唐，是受到西域文化的影响而创作出来的一种新颖形式，参见 1984 年河北宽城县大野峪村出土的唐代栗特银质凤嘴。造型呈凤嘴，弧颈，圆腹，下接一实心高撇足，足底成平底，一侧粘贴一高片柄，内施白釉，外施酱釉，釉有局部窑变现象，胎体细棉纯净，代表着盛唐时期定窑酱釉（双色釉）中西文化交融的产品，极具时代性，是一件不可多得的艺术珍品。

H: 27.4cm d: 9.2cm

▲ 1984 年，河北省宽城县大野峪出土的唐代栗特银质凤嘴壶

唐代定窑紫釉执壶

A FINE AND VERY RARE "DING" PURPLE EWER TANG DYNASTY

Ref: Compare a similar white "phoenix mouth" ewer of "Ding" kiln, Tang Dynasty

紫定自晚明大收藏家项子京在其《历代名瓷图谱》中细致描绘出它的"烂紫蒲桃"色之后，就再也不见任何记述了，包括乾隆皇帝也未能有缘得到一件，因此"紫定"就成了一个"谜"。几个世纪以来没有人见过这种神秘的颜色，直到近年才出土过两片不大的瓷片，一件收藏于河北考古所，一片收藏于定窑研究所，虽从未发表，但与史书记载及传世器物吻合。这件造型在唐代早期定窑产品中是比较流行的，包括白釉器、酱釉器和紫定器都有，该壶呈凤嘴、弧颈、垂梨腹、实心平足，双泥条柄，釉不及底边，底足露胎，胎质细密绵滑，釉质细腻，釉表有不均匀的银灰色结晶，这种自然形成的结晶经历了千年的洗礼，在紫定釉面上形成了独具特色的效果，或许可以说是紫定的一个特征。

H: 25cm d: 8.8cm

▲ 唐代定窑白釉凤嘴执壶

唐代定窑红釉撇口梅瓶

A VERY RARE "DING" REDDISH-BROWN VASE TANG DYNASTY

Ref: Compare a very similar white "lotus petal" vase, Tang Dynasty, 《Exploration Dingyao & Appreciation II》P53

这件唐代定窑烧造的柿红釉撇口梅瓶代表了盛唐之际（八世纪）中国成功的柿红釉器杰作。目前为止，中国最早成功的铁红釉恐怕要属定窑产品了。该瓶呈微唇口、粗直颈微外撇、丰肩收腹、内施白釉、外施柿红釉、釉不及底、平底无釉露胎、胎骨尚未烧透，造型端庄丰满，有盛唐霸气，堪称唐代定窑柿红釉逸品。与八九世纪定窑白釉凸莲瓣纹玉璧底梅瓶造型一致，唯独该瓶没有装饰纹（参见《定窑瓷器探索与鉴赏》下册 53 页），该器应该年代较早，也可参照 1987—1988 年扬州文化宫考古挖掘出土的九世纪白釉梅瓶，与之基本接近。

H: 23.2cm D: 8.5cm

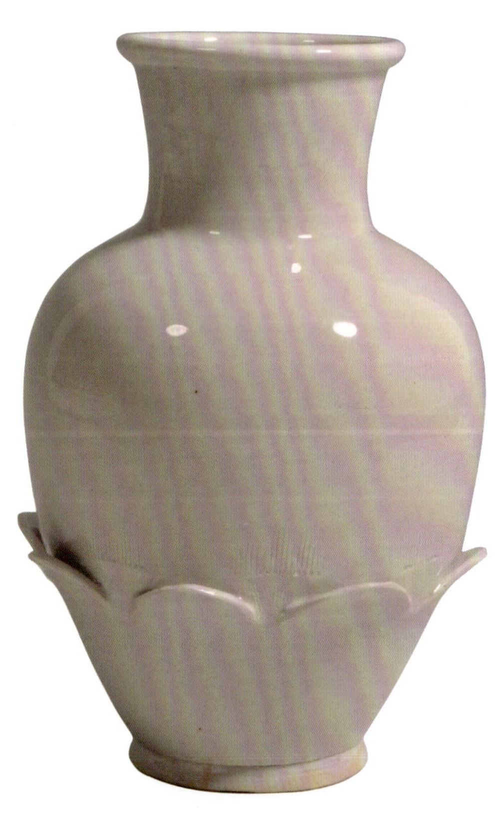

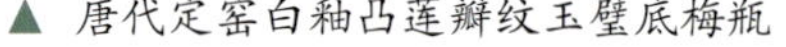

▲ 唐代定窑白釉凸莲瓣纹玉璧底梅瓶

唐代定窑紫釉长颈盘口瓶

A FINE AND RARE "DING" PURPLE STRAIGHT NECK VASE TANG DYNASTY

Ref: Compare similar bronze bottle，Tokyo National Museum collection

盘口长颈瓶流行于隋唐时期的北方窑口，以金银器造型为模本，以及西域流传过来的琉璃器皿，从造型上讲，这种造型是属于隋唐流行的造型，而定窑在隋代虽已经有了相当的产品，但是考虑紫釉器物有可能会稍晚些，所以暂时定为唐代早期。其造型呈盘口、长弧颈、长圆腹、圈足，内施白釉，外施紫釉，器物下部及底釉有“烧飞”现象，胎质细棉，釉色酱紫相间，釉面在烧造后形成银灰色结晶。这种紫釉到今天尚不能掌握，古人的作品也属于“偶然”性，因此，要想复制谈何容易！堪称古代艺术品绝响。它与陕西扶风法门寺1987年出土的唐代金属带盖净瓶造型极为接近，同时还与收藏于日本东京国立博物馆馆藏的唐代金属带盖净瓶相互印证。

H: 27cm　d: 7.6cm

▲ 日本东京国立博物馆馆藏唐代铜净瓶

唐代紫定凤嘴执壶

A FINE AND RARE "DING" PURPLE EWER TANG DYNASTY

Ref: Compare a similar white ewer，7th Century，Tokyo National Museum collection，《Exploration Dingyao & Appreciation II》P92-93

紫定历来神秘莫测，在极富有想象力的中国文字里，紫定的颜色可以任由各位发挥，但是，十六世纪大藏家项元汴描述地再清楚不过了，项子京在《历代名瓷图谱》中描述“色如烂紫葡萄”，其实就是我们今天说的玫瑰紫葡萄的颜色，紫定釉面上的银灰色结晶就如同玫瑰葡萄上面的“霜”，所以说项元汴描述得再贴切不过了。该壶造型与日本东京国立博物馆馆藏七世纪巩县窑白釉凤首壶极为接近，只是没有上面的凤首盖子。比如，唐代定窑红釉凤首壶（《定窑瓷器探索与鉴赏（下）》第 21 页），因为定窑这类壶的盖子分一体的和分体两种，所以这壶的盖子很可能失落了。该壶呈凤嘴、短弧颈、垂梨腹、外撇式足、颈部饰双泥条柄，内施白釉，外施紫釉，釉不及底边，胎骨细棉，釉色艳丽，是早期紫定的杰作代表。

H: 25.3cm d: 10.8cm

▲ 唐代定窑红釉凤首持壶
《定窑瓷器探索与鉴赏（下）》21 页

11 唐代定窑双色釉葫芦宝顶盖罐

A FINE "DING" REDDISH-BROWN TRIPOD JAR AND COVER TANG DYNASTY

Ref: Compare a very similar tripod jar and cover，Tang Dynasty，《Exploration Dingyao & Appreciation II》P23

唐代定窑双色釉葫芦宝顶盖罐造型源于汉代黑陶仓储（参见《中国古文物》P29、177）。一般汉代仓鼓上大下小，饰以弦纹，而该盖罐直壁圆肩，腹下装饰一道凸线纹，子口露胎无釉，内施白釉，外饰酱红釉，釉不及底边，宽而浅的圈足粘贴三只印有兽首纹的足，三兽足露胎无釉，胎土细腻夹杂有微小的灰色颗粒，时代感非常强烈，代表了唐代双色釉的经典杰作，造型奇特，十分珍贵（参见《定窑瓷器探索与鉴赏》唐代青白釉刻花三兽足盖罐）。

H: 20cm d: 5.8cm

▲ 唐代青白釉刻花三兽足盖罐

唐代定窑高温窑变红釉水滴

AN EXTREMELY RARE "DING" RED-IRON EWER TANG DYNASTY

Ref: Compare a similar ewer，Gongxian kiln，Tang Dynasty，Shanghai Museum collection

定州红瓷器只是在史书里著录过，但是几乎没有人见到过，这种纯偶然性的稀罕之物早在宋代就已经是非常罕见的品种了，难怪史书记载宋仁宗在张贵妃处大怒，并以斧头碎之。王拱辰所献给张贵妃的定州红瓷器，足以证明当时定州红瓷器的珍贵、稀奇。它是一种高温铁红窑变釉，是至今无法复制的，因此失传了千年，如今我们有幸见到实属幸甚。其造型与山东高密出土的唐代执壶，以及濮阳市博物馆馆藏唐代执壶类似。

H: 10.5cm d: 3.8cm

▲ 上海博物馆藏巩县窑盛唐执壶

15 唐代定窑柿红釉凤嘴式执壶

A FINE AND VERY RARE "DING" PERSIMMON-RED EWER TANG DYNASTY

Ref: Compare a similar silver "phoenix mouth" pot，Tang Dynasty，unearthed in Lijiayingzi Tomb，Aohanqi，Inner Mongolia in 1975

唐代定窑凤嘴执壶是受到中亚文化的影响，融中西文化于一身的经典范例，它吸收了西亚文化的审美造型理念，创造出了本土文化的新颖品种，这些都是受益于大唐盛世开放政策的恩惠，也是划时代的标准。这件盛唐柿红釉凤嘴执壶造型与 1975 年内蒙古敖汉旗李家营子的唐代墓葬出土的一件鎏金胡人头像银执壶造型十分接近，呈凤嘴、垂梨腹、外撇式高足、双泥条小柄，内施白釉，外施柿红釉，制作精巧规整，代表了盛唐定窑双色釉杰出的经典造型。

H: 26.2cm L: 14cm d: 10.6cm

▲ 1975 年，内蒙古敖汉旗李家营子的唐代墓葬出土鎏金胡人头像银执壶

16 唐代内白釉外酱釉深腹碗

A VERY RARE “DING” INSIDE WHITE OUTSIDE REDDISH-BROWN BOWL TANG DYNASTY

Ref: Compare a very similar “Ding” water pot,《Exploration Dingyao & Appreciation II》P41

深腹大碗流行于隋、唐时期，以白釉为多，这种深腹大碗都是芒口，有平底、玉璧底及圈足底等，具体的烧造时期也有前后。一般来讲，平底的稍微早些，大概是初唐至盛唐，玉璧底自八世纪到九世纪，到了十世纪基本改为宽圈足或圈足，我们怀疑是一种大的盖碗，因为造型与十世纪开始出现的盖碗十分相像。但是到目前为止没有发现它们的盖，内施白釉、外施酱釉，个别地方有少许窑变，施釉不到底边，底足都无釉露胎，典型的唐代器物（参见《定窑瓷器探索与鉴赏（下）》41 页）。

H: 14cm　D: 21.7cm　d: 12.2cm

▲ 唐代内白釉外酱釉玉璧底高庄大碗
《定窑瓷器探索与鉴赏（下）》41 页

17 唐代定窑青釉三兽足压四瓣瓜棱水盂

A FINE "DING" CELADON TRIPOD WATER POT
TANG DYNASTY

Ref: Compare a very similar "DING" green tripod water pot, Tang Dynasty,《Exploration Dingyao & Appreciation II》P27

定窑青釉早在六世纪就已经成熟，而唐代青釉三兽足压瓜棱腹水盂，应该盛唐时期的作品，当窑工们受到巩县窑影响，追求时髦，烧造白瓷技术成功后，这种青釉就慢慢被时代抛弃，也很少再有人烧造了，但偶尔还有作品问世。因此，这种青釉器物在定窑产品中已经十分少见，见有葫芦执壶、捏裙边豆等，2009 年，定窑遗址出土唐代青釉碗残片，还有出土刻龙纹带“尚食局”款残片都属此类，甚至有可能被人们认为是其他窑口的产品。器物呈微弧口、四瓣瓜棱腹、三兽足，器物内外均施青釉，小平底无釉露胎，下接三兽足，胎体细密坚韧而呈浅灰色，釉色青绿，釉面光滑滋润（参见《定窑瓷器探索与鉴赏（下）》27 页）。

D: 7.7cm H: 7cm

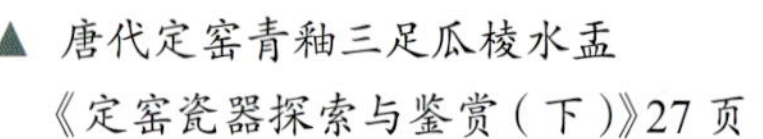

▲ 唐代定窑青釉三足瓜棱水盂
《定窑瓷器探索与鉴赏（下）》27 页

18 唐代定窑玉璧底酱釉深腹大碗

A FINE LARGE "DING" REDDISH-BROWN BOWL TANG DYNASTY

Ref: Compare a very similar "Ding" water pot,《Exploration Dingyao & Appreciation II》P41

深腹大碗流行于隋唐时期，各窑口都是白釉器，而唯独定窑流行双色釉器物，该大碗内施白釉、外施酱釉，腹部较深而高，胎土微微泛灰，由于烧造火候恰到好处，因此釉色鲜艳亮丽，经过千年的洗礼，釉表面有一层"荧光"，浅而宽的玉璧底，釉不及底，明确了它的时代属性、特征。不仅在初唐的定窑烧造这种造型，晚唐白釉也有延续，甚至还有带"官"字款刻花的，但从玉璧底的流行时段分析，还属于中晚唐作品，而定窑酱釉艳美者也是极为罕见，不失为这一时期最具代表性的一件佳作。

D: 23.4cm H: 14.8cm

▲ 晚唐定窑白釉刻花"官"字款墩式碗

晚唐定窑双色釉撇口大碗

A FINE LARGE "DING" REDDISH-BROWN BOWL
LATE TANG DYNASTY

Ref: Compare a similar silver bowl，Tang Dynasty，
Shaanxi Museum Collection

晚唐定窑双色釉撇口大碗，造型仿制唐代金银器，唐代定窑比较流行双色釉，碗的形式也多样。这种撇口大碗造型与越窑秘色瓷同类碗造型极为接近，也与邢窑白釉碗及收藏于陕西博物馆的唐代银质折腰碗类似，大碗呈微撇口、弧腹、腹下有两道小凸弦纹（仿金银器加强筋）、玉璧底圈足，胎体较厚，内施白釉、外施酱釉，釉不及底，底足露胎无釉，胎骨细润绵滑，是典型的晚唐定窑双色釉佳作。

D: 26cm H: 12.2cm Bas: 9cm

▲ 陕西省博物馆馆藏唐代银质折腰碗

唐代双色釉三兽足瓜棱腹罐

A VERY RARE "DING" REDDISH-BROWN TRIPOD JAR TANG DYNASTY

Ref: Compare a similar tripod white jar with a melon-shaped body, Tang Dynasty, excavated Xi'an, Shaanxi Province in 2002, Xi'an Institute of Archaeology, Museum of Eastern Art collection

唐代定窑双色釉瓜棱腹三兽足罐，造型呈唇口、短颈、六瓣瓜棱腹、下粘三兽足，内施白釉、外施酱釉，釉不及底，平底露胎，三足粘于平底边，同类造型的定窑器物有青白釉器，胎骨浅灰色偏白，酱釉较厚，局部有黑酱相间窑变，积釉处泛黑，胎体较厚，是一件非常典型的中唐时期的佳器。三兽足平贴的年代较早，稍后演变成粘三立式兽足，稍晚时期也有圈足的做法，这类器物都极具时代特征，代表了大唐盛世双色釉瓜棱腹罐的杰出作品（参见 2002 年陕西西安理工大学工地出土的唐代白釉瓜棱腹三兽足罐，以及美国东方艺术博物馆藏唐代青白釉瓜棱腹三兽足水丞）。

H: 12cm D: 8.3cm Bas: 7cm

▲ 美国东方艺术博物馆馆藏唐代青白釉瓜棱腹三兽足水丞

唐代定窑酱红釉茶臼

A FINE RARE "DING" REDDISH-BROWN TEA MORTAR TANG DYNASTY

Ref: Compare a similar "Ding" metal tea mortar, Tang Dynasty, excavated Quyang, Hebei Province, Luoyang Museum (Henan Province) collection

晚唐定窑酱红釉茶臼较为少见，常见的定窑茶臼都是白釉器物，茶臼就是将茶饼在这种茶臼内壁上研磨成茶叶末。唐、宋时期喝茶流行用茶饼磨碎，呈粉末状冲泡煮，所以需要这种茶臼，定窑的茶臼似乎最早见于唐代晚期，就是这种玉璧底的茶臼，稍早者碗壁厚实，两壁上弯，稍晚些的碗壁较直，撇口较大。一般碗内均露胎，并有横竖格线，也有呈三鱼纹格线者，便于茶砖研磨，该茶臼内壁露胎，碗外壁施酱红釉，釉不及底边，玉璧底足，底足无釉，是一件比较典型的晚唐作品，参见河南洛阳博物馆馆藏唐代金属茶臼，以及常见的定窑、邢窑白釉茶臼。

H: 8cm L: 24.5cm d: 8.6cm

▲ 河南省洛阳博物馆馆藏唐代金属茶臼

26 唐代定窑绿釉提梁鸡冠壶

A FINE AND VERY RARE "DING" GREEN COCKSCOMB POT TANG DYNASTY

Ref: A very similar brown glazed bottle，unearthed from Yeruyu Tomb in Inner Mongolia in 1992，Liao Dynasty

唐代定窑绿釉皮囊式提梁壶，釉呈鲜艳的玻璃质翠绿色，施釉较薄，泪痕明显，胎骨浅灰白，施薄薄的白色化妆土，烧结程度好，底内凹无釉，做工精细，造型规整，属定窑低温铅绿釉，这种造型的绿釉器极其罕见。参见 1992 年阿鲁科尔沁旗罕苏木辽耶律羽之墓出土的辽会同四年（941）褐釉提梁壶，造型制作与其几乎一样，该壶以往定为辽代，现藏于内蒙古文物考古研究所，近年在曲阳定窑窑址出土了白釉皮囊壶残器，这说明这些作品无疑都是定窑产品，只是契丹初期占领燕云十六州时在定窑烧造的，内蒙古出土较细的属定窑作品，粗糙者缸瓦窑是也，参见日本出光美术馆藏同一造型器物。现在可以肯定都是晚唐定窑作品无疑。

H: 30cm L: 27.5cm

▲ 1992 年，内蒙古耶律羽墓出土褐釉提梁壶

晚唐定窑内白釉外酱釉玉璧底敛口洗

A FINE AND VERY RARE "DING" REDDISH-BROWN DEEP POT（XI）LATE TANG DYNASTY

Ref: Compare a very similar "Ding" white deep pot, Five Dynasties,《Chinese of ancient ceramics》P183

晚唐定窑流行的一种敛口洗，造型呈小唇边、圆折肩、下收腹、玉璧底，这种造型的敛口洗有圈足底的，也有纯白釉的，大体造型差距不大。该敛口洗内施白釉、外饰酱釉，釉下刷一层薄薄的白色化妆土，以增加釉面釉色的纯净度和光亮度，玉璧底露胎无釉，足内里有部分粘釉，是极具典型的晚唐定窑双色釉之佳作，极难一见的文房珍品。

H: 11cm D: 18cm d: 8.2cm

▲ 五代定窑白釉折腰盂
《中国古陶瓷图典》183 页

31 唐代定窑酱红釉刻划双鱼榼

A FINE AND RARE "DING" REDDISH-BROWN DOUBLE-FISH SHAPED VASE TANG DYNASTY

Ref: Compare a similar double-fish shaped vase，burial of Jingxing（Early 10th Century），Hebei Province
A similar green vase，Tang Dynasty，Qingzhou Museum collection（Shandong Province）

晚唐双色釉双鱼穿带瓶，双鱼瓶在唐代有个专门的名称，叫双鱼榼，唐三彩双鱼榼及绿釉双鱼榼在很多博物馆都有收藏，而这种双鱼榼穿带瓶在唐代较为流行，见青州博物馆、山东博物馆馆藏绿釉双鱼穿带瓶。将双鱼与穿带相结合却是一种妙想，器呈小口、有盖，肩两端饰穿带耳，瓶身刻划花卉纹或鱼鳞纹，圈足外撇较高，两端留有两个穿带孔，做工精细，釉面艳丽，胎体细密，烧结良好，是件不可多得的晚唐、五代定窑酱红釉器，十分罕见。此类瓶也有内白釉，参见《定窑瓷器探索与鉴赏（下）》107 页，晚唐定窑白釉双鱼穿带瓶。

H: 27.6cm d: 3.4cm

▲ 青州博物馆馆藏唐代绿釉双鱼瓶

唐代定窑绞胎双唇口瓶

A FINE AND VERY RARE "DING" VASE TANG DYNASTY

Ref: Compare a "Ding" white carved "auspicious cloud" inscribed "Guan" vase,《Exploration Dingyao & Appreciation II》P101
Compare very similar Tang sancai ceramics vase, Tang Dynasty

定窑绞胎大约出现在唐代，它与巩县窑不同之处就是它的胎骨要比巩县窑坚硬很多。虽然胎釉膨胀系数不一样，釉面需要用放大镜才可以看到细小开片纹，但不像巩县窑釉层不会脱落，那是因为巩县窑的胎骨较为松软，这件定窑绞胎作品造型浑厚饱满，双唇口、颈肩部位饰两道旋纹，流肩、鼓腹、腹下渐收、内挖足，整体施透明度高的的玻璃，积釉处呈灰色，有"泪痕"，足底露胎无釉，胎骨坚实而细密，代表了唐代定窑绞胎器物的经典杰作。参见法国吉美博物馆藏唐三彩唇口瓶，以及《定窑瓷器探索与鉴赏（下）》101 页。

H: 13.3cm d: 5.2cm

▲ 晚唐定窑"官"字款刻花唇口瓶
《定窑瓷器探索与鉴赏（下）》101 页

晚唐定窑六瓣瓜棱腹柿红釉罐

A RARE "DING" PERSIMMON-RED JAR LATE TANG DYNASTY

Ref: Compare a similar white jar，Tang Dynasty，Singapore Museum collection

晚唐六瓣瓜棱腹双色釉罐，双色釉六瓣瓜棱腹罐在晚唐较为流行，有青白釉、白釉、双色釉器物，有三兽足，也有圈足不等，三兽足者略早，圈足者稍晚，此类瓜棱腹罐有大小，圈足低的偏早，多数造型偏扁，稍晚者稍高。2004年，印尼井里汶晚唐沉船出水瓷器中就有这种六瓣瓜棱腹罐，造型与此罐极为接近，应该是同一时期的作品。这类作品大都完美，釉色完美娇艳。该罐呈阶梯式口、六瓣瓜棱腹、圈足、内施白釉、外施酱釉、平切式圈足，足底基本满釉，圈足内侧粘有细砂，是典型的晚唐定窑双色釉经典代表作品，参见同时期定窑白釉瓜棱腹罐。

H: 14.2cm D: 8.8cm d: 9.8cm

▲ 晚唐定窑白釉瓜棱腹罐与黑石号沉船同类作品

晚唐定窑绿釉绞胎碗

A VERY RARE “DING” GREEN GLAZE BOWL LATE TANG DYNASTY

Ref: Compare a very similar blue glaze bowl，Tang Dynasty，unearthed in Xi’an Shaanxi Province in 1955

绿定以前很少人知道，更不用说绿釉绞胎作品，唐代定窑的绞胎作品不多，但是确实有，这一点毋庸置疑。在近年的曲阳考古挖掘中已经有出土的作品，但是绿釉绞胎确实是一个课题，我们对比了巩县窑绞胎作品就会发现，定窑绞胎与釉烧结得好，不像巩县窑淘汰，又容易脱落，而定窑是不会脱落的，看看这件口沿的使用痕迹就会发现都已经磨掉了釉，却依然胎釉结合，这就是定窑与巩县窑之别（造型参照 1955 年西安唐墓出土蓝釉碗）。

D: 11.2cm H: 5.1cm

▲ 1955 年，西安出土的唐代蓝釉碗

36 晚唐内白釉外酱釉四系罐

A FINE AND RARE "DING" REDDISH-BROWN FOUR RINGS JAR LATE TANG DYNASTY

Ref: Compare a similar "Ding" white four rings jar，6/7th Century

四系罐流行于六至八世纪，包括巩县窑、邢窑、定窑都有产品问世，参见定窑六、七世纪白釉四系罐。该罐造型与六、七世纪白釉器类同，唯该罐不再是小直颈口，而是微凸唇口，腹部有压六道瓜棱腹，内施白釉、外施酱红釉，施釉不到底边，底足露胎无釉，釉色鲜亮，积釉处微微有些窑变，胎骨细腻绵滑，唐代定窑风骨显露无遗。

H: 18.6cm d: 8.8cm

▲ 六七世纪定窑白釉四系罐

37 晚唐定窑内白釉外酱釉卧足碗

A FINE RARE "DING" REDDISH-BROWN BOWL
LATE TANG DYNASTY

Ref: Compare a very similar "Yue" celadon bowl，Tang Dynasty，excavated in Famen Temple，Fufeng，Shaanxi Province in 1987

这种卧足深腹碗流行于唐代，著名的法门寺地宫出土的秘色瓷卧足大碗，以及宁波义和路码头出土唐代卧足大碗与该碗造型极为接近，在北方窑口这种碗的造型还不多见。该大碗是唐代定窑仅见的一只，微微凸唇、圆腹下收、内挖式卧足，碗内施白釉，外施酱釉，有“泪痕”，胎土浅灰带有少量细小黑颗粒，釉不及底边，卧底足无釉，胎体尚厚，釉质细密光滑，时代性极强，是一件难得的唐代定窑佳作。

D: 21.8cm　H: 8.1cm　d: 6.7cm

▲ 陕西扶风法门寺出土的唐代秘色瓷

38 晚唐定窑双色釉敛口碗

A FINE AND VERY RARE "DING" REDDISH-BROWN BOWL LATE TANG DYNASTY

Ref: Compare a similar "Gongxian" black bowl, Tang Dynasty, Luoyang Museum (Henan Province) collection

晚唐定窑双色釉敛口碗造型类似钵，呈敛口内弯、圆腹下收、圈足，内施白釉、外施酱红釉、釉不及底足，底足内外无釉露胎，胎骨细润绵滑，圈足两面倒角，都是晚唐定窑工艺特征。口沿白釉与酱红釉衔接完美，酱红釉发色艳丽，代表了晚唐定窑工艺水平的高超技术。参见河南洛阳博物馆馆藏唐代巩县窑黑釉敛口碗。

H: 10cm D: 20cm d: 8.4cm

▲ 河南洛阳博物馆馆藏唐代巩县窑黑釉敛口碗

39 晚唐五代定窑兔毫釉梅瓶

AN EXTREMELY RARE "DING" TUHAO GLAZE VASE（MEIPING）LATE TANG DYNASTY

Ref: Compare a very similar glass vase，Sui Dynasty，unearthed in the "Lijingxun" Tomb，Xi'an，Shaanxi Province in 1957

梅瓶一直以来都被误认为出自北宋，近年改成唐代，其实1957年陕西西安隋代李静训墓就有出土隋代的梅瓶，当然，那不是瓷器，而是琉璃器，实际上琉璃与瓷器的釉几乎是一种材料，所以梅瓶最少也是出现在隋代，这是不争的事实。定窑的唐代梅瓶已经出现，这件兔毫釉梅瓶可说是举世无双的逸品。"茶瓯，古取建窑兔毛花者，亦斗碾茶用之宜耳。"明代许次纾《茶疏》记。近年在定窑遗址及附近地区曾发现过零星的瓷片标本，但没见过传世实物，这件梅瓶的发现可说填补了定窑窑变釉的这一空白。该器身圆润丰满，有盛唐风范，小卷口、施满釉，器身釉色呈棕褐色，器口及下部兔毫纹明显，正为松风鸣雪兔毫斑，该器为略带灰色的灰白胎，造型与李靖墓的琉璃梅瓶相似，又是窑变兔毫釉更为珍贵，故该梅瓶的稀有程度和它的艺术价值非常高，为存世孤品。

H: 28.5cm　D: 9.6cm

▲ 1957年，西安李静训墓出土的隋代琉璃梅瓶

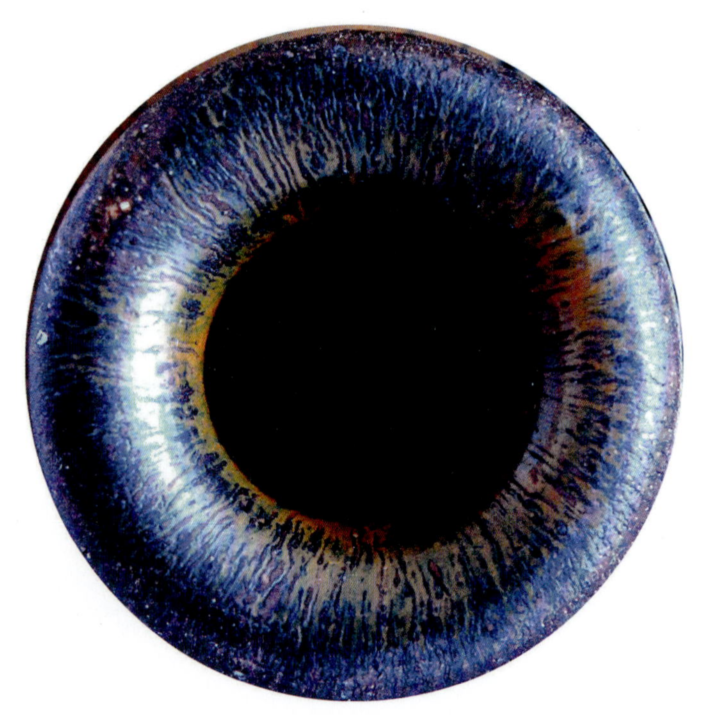

晚唐定窑透明青釉塔式盖罐

A FINE AND VERY RARE "DING" CELADON TOWER-SHAPE JAR AND COVER
LATE TANG DYNASTY

Ref: Compare a very similar Pagoda of Tight Tiles in Dingzhou，10th Century

密檐式塔始于东汉或南北朝时期，盛于隋、唐，成熟于辽、金，它是由楼阁式的木塔向砖石结构发展时演变而来的。密檐式塔在发展中形成了自己独特的风格，成为唐代、辽代塔的主要类型，而且多为四角形、六角形和八角形。著名的密檐宝塔有河南登封县的嵩岳寺塔、西安的小雁塔、云南大理崇圣寺三塔中的千寻塔。该件定窑青釉密檐式塔也正是随时代的流行而制，造型将八方式砖石塔制成圆形，是件极为珍贵的唐代定窑佛塔的缩影，胎骨细棉而坚实，整体饰透明极高的青釉，并有不规则的开片纹，与定州开元寺塔造型相类似。

H: 23.1cm d: 10.5cm

▲ 天下第一塔定州开元寺塔

晚唐五代定窑内白釉外酱釉洗

A RARE "DING" REDDISH- BROWN POT LATE TANG DYNASTY

Ref: Compare a similar "Ding" white and brown glaze pot，Late Tang Dynasty

双色釉一直是在唐代定窑流行的一个品种，直到十世纪都还流行，到了北宋已经很少见了，该件晚唐定窑双色釉作品了，仍然保持着厚胎，浑圆饱满的风格。晚唐五代还流行笔洗，各式各样的笔洗，有直壁也有弧壁，形式多样，白釉、双色釉及紫釉都有，较厚的胎骨辨明年代在晚唐。到了五代胎骨渐渐坚薄，双色釉一般都是内白釉外酱釉，釉色艳美者不多，但制作都很精美，造型有些与白釉同造型的，也有些略有差异者，当然，这些作品流传至今的也是十分罕见的珍贵文物。参见晚唐白釉撇口洗。

D: 19cm H: 11.2cm d: 9.3cm

▲ 晚唐、五代纪定窑白釉撇口洗

晚唐五代双色釉斗笠式盏

A FINE AND RARE "DING" REDDISH-BROWN BOWL LATE TANG DYNASTY

Ref: Compare a similar white bowl inscribed "Guan", Late Tang Dynasty

双色釉在唐代定窑十分流行，一般都是外酱釉或紫釉，内白釉，个别也有反向的，那是极个别现象，笠式碗在唐代定窑之前不曾发现过，这或许是定窑窑工们的一个创造性器型，一直延续到宋代，早期笠式碗两壁夹角小于九十度，慢慢夹角渐大，碗身渐浅。这件应该还属于比较早的，夹角大约九十度，内施白釉、外施酱釉、施釉接近圈足，足底部分施釉，平切式足背，足壁较厚，酱釉有适量窑变现象，造型规整，釉色艳美，一侧有局部漏釉，仍不失为晚唐定窑佳作。参见晚唐定窑白釉"官"字款五瓣花口盏。

D: 22.4cm H: 9.3cm d: 8.2cm

▲ 浙江省慈溪后司岙窑址出土的越窑秘色直壁碗

46 晚唐五代内白釉外酱釉五瓣花口斗笠式盏

A FINE AND RARE “DING” REDDISH-BROWN BOWL LATE TANG DYNASTY

Ref: Compare a similar green glaze bowl，Tang Dynasty，
Changsha Museum collection

晚唐、五代定窑的笠式碗造型秀美，两壁九十度开角规整、挺拔，胎体上薄下厚，圈足壁较厚，而且是平切式圈足，内施白釉、外施酱红釉，釉色发色艳丽，底足露胎无釉，细密绵滑的胎骨，旋纹依稀可见，精准的造型，艳丽的釉色，体现了晚唐定窑双色釉五瓣花口笠式大碗的最佳工艺水平。参见同时期晚唐定窑白釉“官”字款五瓣花口斗笠式盏，造型与双色釉这件几乎一致，体现出它们的时代性。

D: 24.6cm H: 10.2cm d: 9cm

▲ 湖南长沙市博物馆藏唐代绿釉四出筋花口斗笠式盏

晚唐定窑酱釉童子诵经壶

A VERY RARE "DING" REDDISH-BROWN BOYSHAPED POT LATE TANG DYNASTY

Ref: Compare a similar tripod incense，Tang Dynasty，Burial of Quyang，Hebei Province，《Exploration Dingyao & Appreciation II》P60

定窑瓷塑极为罕见，定窑胎骨不太适合制作瓷塑，尤其是唐代厚胎骨，经常容易形成窑裂现象，可能是唐代的胎骨韧性不太好之过，所以定窑的瓷塑极为稀少，尤其是唐代胎骨，这种用瓷塑雕塑的文房用具更是稀缺至极。曾经在河北出土一件北宋定窑白釉童子诵经壶，现藏于首都博物馆，而该件的年代更早些，且是酱釉作品更加珍贵奇缺，参见《定窑瓷器探索与鉴赏（下）》60 页，唐代定窑白釉童子诵经壶。

H: 21cm L: 12.6 × 11.5cm

▲ 晚唐定窑白釉童子诵经壶
《定窑瓷器探索与鉴赏（下）》60 页

晚唐定窑紫釉罐

A FINE AND VERY RARE "DING" PURPLE JAR LATE TANG DYNASTY

Ref: A similar blue glaze pot of Gongxian Kiln，Tang Dynasty，Shanghai Museum collection

唐代紫定罐，该盖罐呈小直口、圆鼓腹、圈足，造型丰满浑厚，器形规整，胎体坚实，满施微微泛红的紫釉，上部釉面紫红，腹下釉层渐厚，釉表有渐渐密集的银灰色星点，近圈足处聚集的银灰色星点密集，形成破泡，俗称“烧飞了”。在紫定产品中“烧飞了”是常有的事，包括柿红釉也会常有发生，器物底部分施釉，紫釉在高温下流动性很大，尽管足外边缘留有一道凸唇，也难以阻止釉流过圈足，细砂垫烧，足底满釉，紫定产品传世极为罕见，经明代著名收藏家项子京《历代名瓷图谱》褒奖后，更是身价百倍，为历代收藏家所追捧。明代以后基本失传，怕是没有人再见过了。此次的发现填补了紫定的空白。

H: 14.5cm d: 9cm D: 10cm

▲ 上海博物馆处唐代巩县窑蓝釉罐

晚唐五代定窑内白釉外酱釉三足双耳釜式炉

A FINE AND VERY RARE "DING" REDDISH-BROWN TRIPOD INCENSE BURNER LATE TANG DYNASTY

Ref: Compare a similar tripod incense, Late Tang Dynasty, Burial of Quyang, Hebei Province,《Exploration Dingyao & Appreciation II》P92-93

晚唐内白釉外酱釉三足双耳釜式炉，是晚唐、五代时期在定窑流行的一种炉式，造型源于古代青铜器，内施白釉、外施酱色釉、盘式口、双耳、三片式足，在曲阳定窑遗址也出土过这种被称为“茶档”，但在瓷器上使用这种高片足却有一种悬念，盘腹呈阶梯式下收，微弧底，造型新颖，胎土细腻而微泛灰色，而片足露胎无釉，有一种即脆弱又力度十足的感觉，整体精巧而坚韧，是件极具特点的典型性标准器，与曲阳出土两件晚唐白釉三直腿足双耳釜式炉造型十分相似。参见《定窑瓷器探索与鉴赏（下）》92—93 页，双耳三长腿釜式炉。

D: 17.5m H: 12cm

▲ 晚唐五代内白釉外酱釉三足双耳釜式炉
《定窑瓷器探索与鉴赏（下）》92—93 页

晚唐五代定窑酱釉折腰盘

A FINE AND RARE "DING" REDDISH-BROWN DISH
LATE TANG DYNASTY

Ref: A similar "Ding" black glaze dish, Christie's (Hong Kong) auction

折腰盘缘起于晚唐定窑，流行于五代、北宋时期，以北宋白釉刻花为主流，多为白釉刻花六瓣花口为多见，酱釉器物流行于晚唐、五代。这件深腹折腰大盘内施白釉、外施酱红釉，釉面均匀艳美，胎体外薄中厚，造型规整，如此这般大口径而不变形，实属不易成型，施釉精准，圈足壁较厚，足底半釉，平切式足背，双倒角，胎骨细棉光滑，工艺特征极具晚唐深腹折腰盘特征，工艺手法、烧造特征都具备晚唐定窑特点，是晚唐的要折腰盘的经典之作。到了五代，折腰盘圈足渐高，胎骨渐薄，参见香港佳士得拍卖的十世纪黑定折腰盘。

D: 25.3cm d: 8.9cm

▲ 香港佳士得拍卖的十世纪定窑折腰盘

51 晚唐五代定窑酱釉折腰盘

A FINE AND RARE "DING" REDDISH-BROWN DISH LATE TANG DYNASTY

Ref: A similar "Ding" white dish, Northern Song Dynasty, The Palace Museum (Taipei) collection

折腰盘缘起于晚唐定窑，流行于五代、北宋时期，多以白釉刻花六瓣花口为多见，极少见酱釉器物。这件折腰大盘通体施酱红釉，釉面均匀艳美，胎体外薄中厚，造型规整，如此这般大口径盘实属不易成型，施釉精准，圈足壁较厚，足底满釉，平切式足背，工艺特征极具晚唐定窑碗、盘修足的工艺手法。造型比北宋折腰盘折腰明显，盘身较深、圈足较高，是单件仰烧，而不是组合支圈覆烧。

D: 23.2cm H: 6.1cm d: 8.7cm

▲ 台北故宫博物院藏北宋定窑刻花折腰盘

晚唐五代定窑酱釉折腰盘

A FINE AND RARE "DING" REDDISH-BROWN DISH LATE TANG DYNASTY

Ref: Compare a white glaze dish of The Batu Hitam, Tang Dynasty, Singapore Museum collection

折腰盘缘起于晚唐定窑，流行于五代、北宋时期，以北宋白釉刻花为主流，多为白釉刻花六瓣花口为多见，酱釉器物流行于晚唐、五代。这件深腹折腰大盘内施白釉、外施酱红釉，釉面均匀艳美，胎体外薄中厚，造型规整，如此这般大口径而不变形，实属不易成型，施釉精准，圈足壁较厚，足底半釉，平切式足背，双倒角，胎骨细棉光滑，参见收藏于新加坡博物馆的黑石号折腰盘，工艺手法、烧造特征都具备晚唐定窑特点，是件晚唐折腰盘的经典之作。

H: 7.1cm D: 24cm Bas: 8.7cm

▲ 新加坡博物馆藏唐代黑石号出水白釉折腰盘

晚唐五代定窑酱釉盅式碗

A FINE AND RARE "DING" REDDISH-BROWN BOWL LATE TANG DYNASTY

酱釉早在六七世纪的定窑产品就已出现，到了晚唐定窑的酱釉越发鲜亮，釉面光亮细腻，釉色偏红，俗称柿红釉。该件盅式碗造型敦厚，呈小唇口，圆腹下收，较高的圈足，微微外撇，胎骨坚硬细白，满施釉近圈足，足底部分施釉，胎体厚重，显然是晚唐、五代时期的定窑特征，时代性强，精工细作，代表了这一时期定窑酱红釉的经典之作。

H: 14.5cm L: 16.5cm d: 9.3cm

晚唐五代捏裙边供炉

A VERY RARE "DING" CELADON BURNER
LATE TANG DYNASTY

Ref: Compare a similar "Ding" white dish, Five Dynasties, 《Exploration Dingyao & Appreciation II》P90

晚唐流行的捏裙边装饰直到五代仍然有制作，进入北宋后这种装饰纹基本不见了，这种装饰纹一般都是装饰在盆、钵之类的器物口沿外侧上，也有的装饰在塔式罐的中间部位，这种装饰纹所见到的都是定窑白釉器物，唯独这件是青黄釉器物，从造型、工艺上推断应该是晚唐、五代时期的作品。晚唐的胎土多数还是比较厚实的细棉胎，晚期的精品除外，而五代的胎骨已经坚薄秀巧，唐代的青黄釉较厚，薄处显出焦黄色，而这件施釉均匀，釉质薄而色黄，明显在工艺上进步了。该炉呈捏裙边、扁圆腹、下接一喇叭式高足、足腰饰两道凸旋纹（有细微窑裂）、足内有局部粘釉痕迹，足内有部分粘砂，制作精准、烧造完美，是件难得的艺术杰作。

H: 10.8cm L: 11.8cm d: 8cm

▲ 晚唐定窑白釉捏荷叶边盆
《定窑瓷器探索与鉴赏（下）》90 页

晚唐五代定窑双色釉洗

A VERY RARE "DING" REDDISH-BROWN WATER POT LATE TANG DYNASTY

Ref: Compare a similar "Ding" white water pot inscribed "Guan", Late Tang Dynasty

晚唐、五代笔洗在定窑比较流行，有些是玉璧底，有些是圈足。玉璧底相对年代早些，而且胎骨也相对厚些，慢慢上部分开始减薄，而下腹依旧较厚，再稍后整体开始趋薄，有白釉、双色酱釉和双色紫釉，形式多样，各有不同，但造型大同小异不离其宗，时代风格使然。有敛口、撇口直壁等等，圈足虽厚而平切，有些有大小不等的倒角，也有些几乎没有倒角，有的底足满釉，也有露胎或局部有釉，胎骨绵滑细腻，酱釉多带有不同程度的窑变，此时的胎骨都带有似明初胎骨吸附能力，所以釉表会有不等的小坑。

H: 24.4m D: 19cm d: 10.7cm

▲ 晚唐定窑白釉"官"字款洗

56 晚唐五代定窑双色釉洗

A RARE "DING" DOUBLE-GLAZED WATER POT
LATE TANG/FIVE DYNASTIES

Ref: Compare a similar "Ding" inside white outside brown water pot，10th Century

晚唐、五代非常盛行笔洗，式样较多，有白釉也有酱釉，还有双色釉，该件双色釉笔洗造型较高，浑圆饱满有大唐风范，加之胎骨较厚，圈足也会厚而浅，内施白釉，外饰酱红釉，有个小直立颈部，与同时期定窑白釉略有差别，此时的造型在窑工们的不断变化中出现了很多大同小异器物，稍加改动就是个独一无二的佳作，参见同时期定窑白釉无颈洗。

D:19.3m H: 14cm d: 9.4cm

▲ 晚唐、五代定窑白釉洗

57 晚唐五代定窑酱釉花口洗

A RARE "DING" REDDISH-BROWN WATERPOT LATE TANG/FIVE DYNASTIES

Ref: Compare a similar "Ding" white water pot，10th Century

晚唐至五代时期在定窑很流行笔洗，各色各样五花八门，但总体上都符合它们的时代风格，有直壁口、微撇口、小弧口、敛口及花口，有双色釉及单色釉，有白釉也有酱釉，形式多样大小皆有。该笔洗呈捏裙边花口，捏裙边在晚唐定窑、巩县窑均有流行，在唐代定窑的塔式罐、捏裙边盆等都有流行，而在色釉笔洗上仅此一件，参见同时期白釉捏裙边洗。

H: 9m L: 16.8cm d: 8.5cm

▲ 十世纪早期定窑白釉花口洗

五代定窑双色釉宝顶伞式香薰

A "DING" REDDISH-BROWN INCENSE BURNER AND A COVER FIVE DYNASTIES

Ref: Compare a similar incense burner，excavated in Jingzhi Temple in 1969，Dingzhou Museum collection

伞式香熏分两部分，盖呈伞式，钮饰宝葫芦顶，葫芦口及葫芦腹部饰有三个气孔，葫芦坐于托盘上，阶梯形伞状盖，上层饰三个气孔，与定州塔基出土兽足熏的盖十分接近。该种香薰源于唐代，香薰的下部呈高足折角阶梯形，整体外施酱釉，内施白釉，外撇喇叭梯形高足，足内无釉露胎，胎土细而坚薄，胎体轻薄，代表这一时期的特有品种，但造型、角度各有差异，万变不离其宗，有白釉及双色釉产品。该类香薰目前只发现定窑产品多件，其他窑口尚没看到，因此有它的时代性和独特性。

D: 18.9m H: 24.2cm d: 12.4cm

▲ 1969 年，净志寺出土，定州博物馆藏品

五代定窑酱釉折腰盘

A FINE AND RARE "DING" REDDISH-BROWN DISH FIVE DYNASTIES

Ref: Compare a white glaze dish of The Batu Hitam, Tang Dynasty, Singapore Museum collection

折腰盘初创于晚唐定窑，流行于五代、北宋时期，以北宋白釉刻花为主流，以白釉刻花六瓣花口为多见，酱釉器物流行于晚唐、五代。这件深腹折腰大盘内施白釉、外施酱红釉，釉面均匀艳美，胎体外薄中厚，造型规整，如此这般大口径而不变形，实属不易成型，施釉精准，圈足壁较厚，足底半釉，平切式足背，双倒角，胎骨细棉光滑，工艺特征极具晚唐深腹折腰盘特征，工艺手法、烧造特征都具备晚唐定窑特点，是件晚唐折腰盘的经典之作。参见黑石号沉船出水的唐代白釉折腰盘，足以证明在大唐宝历年折腰盘已经出现。

H: 5.5cm D: 22.3cm d: 7.1cm

▲ 新加坡博物馆馆藏黑石号沉船出水的唐代白釉折腰盘

五代定窑双色釉六曲花口高足盘

A RARE "DING" REDDISH-BROWN STEM DISH FIVE DYNASTIES

Ref: Compare a similar "Ding" white dish, Five Dynasties, 《Exploration Dingyao & Appreciation II》P173

五代酱红釉六曲花口高足盘，是流行于晚唐、五代定窑的花口、棱花口碗、盘。唐代的吉数为三、四、五，晚唐开始出现六、八、十等，六瓣压瓜棱腹器物在八九世纪的三兽足罐等类型中比较普遍，六曲花口碗类应该是晚唐才开始流行起来的，直到金元时期，该高足碗呈六瓣花口，下接一外撇式中空高足，内施白釉，外施酱红釉，造型准确，足内部分釉痕，釉质细润光亮，造型即有浑圆丰满之美，也有更多秀巧，胎体坚薄，仍然有金银器的影子，实属五代时期的经典佳作。

D: 16.8cm H: 9cm d: 8.5cm

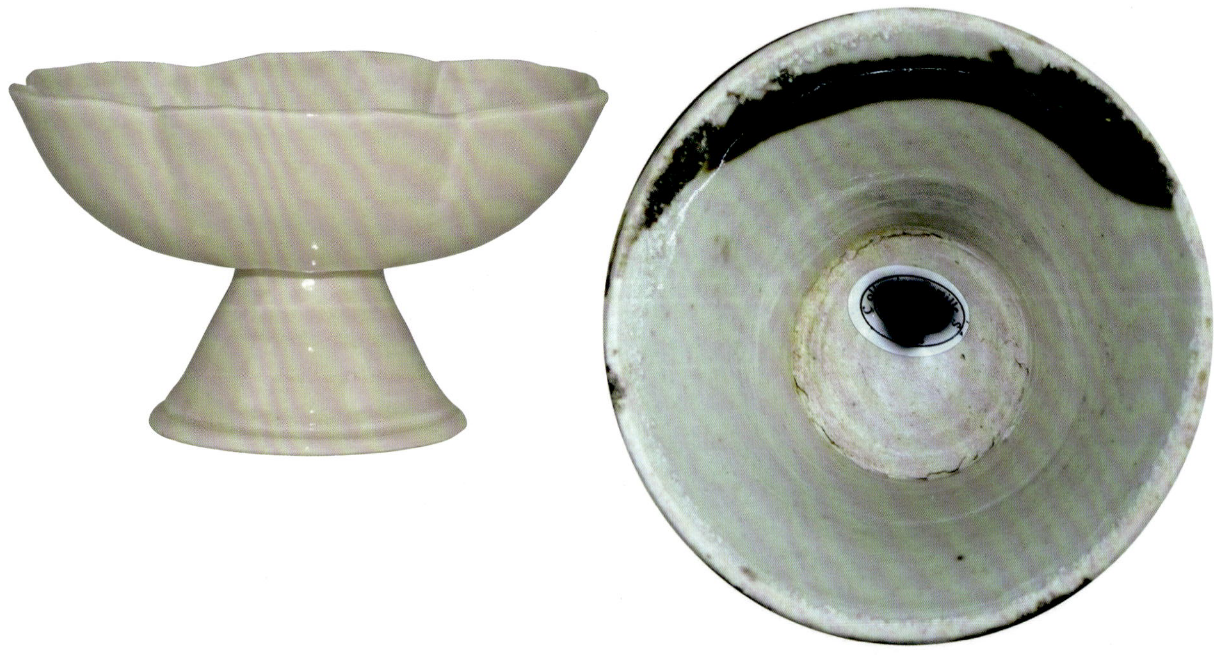

▲ 五代定窑白釉六曲花口高足盘
《定窑瓷器探索与鉴赏（下）》173 页

五代定窑双色釉塔式罐

A FINE AND VERY RARE "DING" REDDISH-BROWN TOWER-SHAPE JAR AND COVER FIVE DYNASTIES

Ref: Compare a similar "Ding" tower-shape jar and cover, Five Dynasties,《Exploration Dingyao & Appreciation II》P161

晚唐定窑的塔式盖罐开始流行，形式多样，以白釉器物为主，大体差距不大，有些盖钮略有差别，也有腹下加捏裙边的，大体造型大同个小异，以白釉器物为多见，参见河北省博物馆馆藏曲阳定窑遗址出土的白釉塔式盖罐，及《定窑瓷器探索与鉴赏（下）》116页。该盖罐整体施酱釉，釉色鲜艳有窑变现象，十世纪早期定窑酱釉多带有窑变现象，是后世无法企及的，内施白釉，胎土细白，胎骨薄而坚，仍然带有晚唐以来常见的窑裂现象，但已经很少了。其造型准确，酱釉窑变在立件中极为少见，阶梯式中空高足，是一件非常经典的五代定窑窑变釉塔式盖罐。

H: 25.5m L: 13cm d: 10.5cm

▲ 十世纪定窑酱釉葫芦塔式盖罐
《定窑瓷器探索与鉴赏（下）》161 页

五代定窑黑釉梅瓶

A VERY RARE "DING" BLACK VASE（MEIPING）FIVE DYNASTIES

Ref: A "Ding" white glazed vase，Late Tang Dynasty，《Exploration Dingyao & Appreciation II》P54

五代定窑黑釉梅瓶，其造型丰肩、短小颈、小唇口、腹下聚收、内挖高深足、黑釉厚而细润光亮、釉不及底足、足底内露胎无釉，造型精巧而规整，为定窑五代时期黑釉器物的代表性经典作品。定窑黑釉在定窑产品中所占比例很小，釉分薄厚，早期作品釉层较厚，釉光极亮，釉薄处呈棕褐色，阳光下釉层颜色分棕褐色、深褐紫色、紫黑色，变幻诱人，是件难得的早期定窑黑釉的典型性杰作，黑釉梅瓶尤为罕见。早期黑釉釉层厚，釉层中颜色变幻莫测，极具魅力，入宋后釉层薄，黑釉色纯漆黑光亮，少有变化。参见晚唐定窑白釉梅瓶。

H: 24cm d: 5.5cm

▲ 晚唐定窑刻花梅瓶
《定窑瓷器探索与鉴赏（下）》54 页

五代定窑棱花口透雕高足盘

A FINE AND VERY RARE "DING" REDDISH-BROWN STEM DISH FIVE DYNASTIES

Ref: Compare a very similar stem dish, Five Dynasties,
《Exploration Dingyao & Appreciation II》P153

棱花口盘在唐代定窑经常出现，多数为三、四、五瓣，到了五代流行八瓣，还经常将棱花口盘的盘底直接粘贴一个透雕高足，形成一个新颖的造型，独具时代特征。这件棱花口透雕高足盘便是一例，与《定窑瓷器探索与鉴赏（下）》153 页的双色釉棱花口透雕高足盘极为相像，唯此件是一色酱釉，同样是三点垫烧，足内露胎无釉，五代定窑作品胎体坚薄，造型准确，视为定窑艺术的第一高峰。这种棱花口高足透雕盘同时代也有白釉器。

D: 21cm H: 11.8cm d: 6.9cm

▲ 五代定窑柿红釉棱花口透雕高足盘
《定窑瓷器探索与鉴赏（下）》153 页

五代定窑双色釉塔式罐

A FINE AND VERY RARE "DING" REDDISH-BROWN TOWER JAR AND COVER FIVE DYNASTIES

Ref: Compare a similar "Ding" tower-shape jar and cover, Five Dynasties,《Exploration Dingyao & Appreciation II》P154

晚唐、五代定窑的塔式盖罐非常流行，以白釉器物为主，酱釉相对比较少见，造型大体差距不大，有的盖钮呈双葫芦钮，有的单葫芦钮，圈足多为阶梯式高空足，个别有腹下捏裙边装饰，以白釉器物为多见，参见河北省博物馆馆藏曲阳出土的晚唐定窑白釉塔式盖罐，以及《定窑瓷器探索与鉴赏（下）》154页。该盖罐整体施酱红釉，釉色鲜艳滋润，内施白釉，胎土细白坚硬，胎骨薄而坚，造型准确，代表了晚唐、五代定窑工艺制造的高超水平，是件极为难得的精美杰作。

H: 24.5cm　L: 12.2cm　Bas: 10.1cm

▲ 五代定窑酱釉塔式盖罐
《定窑瓷器探索与鉴赏（下）》154 页

67 五代定窑双色釉塔式盖罐

A FINE AND VERY RARE "DING" REDDISH-BROWN TOWER-SHAPE JAR AND COVER FIVE DYNASTIES

Ref: A "Ding" tower-shape jar and cover，Five Dynasties，
《Exploration Dingyao & Appreciation II》P161

晚唐、五代定窑的塔式盖罐较为流行，形式多样，以白釉器物为主，大体差距不大，只是在盖顶部分略有差别，也有腹下加捏裙边的，大体上大同小异，以白釉器物为多见，参见河北省博物馆馆藏曲阳定窑遗址出土的白釉塔式盖罐，以及《定窑瓷器探索与鉴赏（下）》116 页。该盖罐整体施酱釉，釉色鲜艳有窑变现象，内施白釉，胎土细白，胎骨薄而坚，造型准确，酱釉窑变在立件中极为少见，阶梯式中空高足，是一件非常珍贵的五代定窑窑变釉塔式盖罐。

H: 27.7cm D: 4.6cm d: 10.4cm

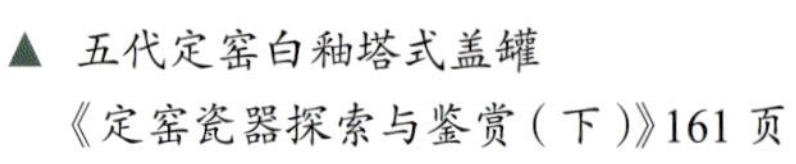

▲ 五代定窑白釉塔式盖罐
《定窑瓷器探索与鉴赏（下）》161 页

五代定窑双色釉高足供盘

A FINE AND RARE "DING" REDDISH-BROWN STEM DISH FIVE DYNASTIES

Ref: Compare a "Ding" white stem dish，10th Century

五代定窑流行高足器物，包括各种高足盘、高足碗，就连瓶类的底足也常见内挖特别深，有些就是在折腰盘的底下直接粘连一个中空高足，形成一个新颖造型。这件内白釉、外酱釉阶梯式高足盘造型简洁，直壁外展，腹下饰阶梯式中空高足，酱红釉釉色鲜艳夺目，胎骨坚薄而精准，酱红釉与白釉衔接精准，体现了五代定窑窑工们的高超工艺水平。同时期不仅有双色釉器物，也有白釉作品，有些不仅有撇口，还有盘口，作品造型不一定完全一致，但时代风格显而易见，参见十世纪定窑白釉盘口高足盘。

D: 22.2cm H: 12m d: 10.9cm

▲ 五代定窑白釉盘口高足果盘

五代绿定刻缠枝牡丹纹大盘口瓶

AN EXTREMELY RARE "DING" GREEN CARVED PEONY VASE FIVE DYNASTIES

Ref: Compare a similar "Cizhou" kiln white carved peony vase，Liao Dynasty，more Pictures of the Murals of the Liao Dynasty in Xuanhua，Hebei Province

绿定早在晚唐就已经崭露头角，我们发现曲阳遗址出土的玉璧底绞胎就是淡淡的绿釉，绿釉的皮囊壶也是极好的例子（见《两宋瓷器》及《定窑瓷器探索与鉴赏（下）》115 页）。盘口瓶流行于晚唐、五代时期，有光素的，也有剔刻花纹的（参见《定窑瓷器探索与鉴赏（下）》127 页的刻花盘口瓶）。该盘口瓶呈小直立口、弧颈，颈部有两道旋纹、丰肩、腹下收、圈足，整器满施透明度高的绿釉，足底满釉，三支点支烧，肩部饰叶纹、主纹饰缠枝牡丹、刻划流畅、釉质细润光亮，是一件极为罕见的绿定逸品，尤其大尺寸的绿定更是弥足珍贵。

H: 38.2cm Bor: 11.7cm d: 7.9cm

▲ 朗斯多夫旧藏北宋磁州窑白釉剔花盘口瓶

十世纪定窑黑釉花口盏托

A FINE AND VERY RARE "DING" BLACK CUP HOLDER 10th CENTURY

Ref: Compare a silver cup holder，Song Dynasty，unearthed in Youlanting Village，Liuqing，Yiwu

极为罕见的十世纪定窑黑釉八曲花口盏托，茶盏早在唐代定窑就有出现，有五瓣梅花盏、四瓣出筋盏、五瓣压花盏等，盏托一般折沿有荷叶形、平折出筋形不等，下呈反梯形，而这件捏八瓣荷叶形，荷叶心内凹呈放置盏的足的形式，巧思妙作，前无古人，后无来者，定窑的黑釉器物原本就稀少，又是一件特殊的器型，可想它的珍稀程度非同一般。

D: 13.5cm H: 4cm

▲ 1986 年，义乌柳青乡游览亭村宋代窖藏出土银质花口盏

71 十世纪定窑酱釉笠式盏

A VERY FINE AND RARE "DING" REDDISH-BROWV BOWL 10th CENTURY

Ref: Compare a similar "Ding" reddish-brown bowl, Tokyo National Museum collection

定窑的柿红釉早在隋唐时期就已经成熟，到了晚唐虽然很多器物胎骨还淘洗、陈腐得不够精致，但酱釉色、釉质已经非常完善了。比如这件柿红釉笠式碗的胎骨还不够精致，但是造型仍然属于晚唐风格，笠式碗两壁的开角也就九十一二度，还没有张开，所以说它是晚唐作品。与北宋作品胎骨、开口角度不同，柿红釉色泽艳丽者不多，参见法国吉美博物馆馆藏北宋定窑柿红釉斗笠盏，以及日本东京国立博物馆馆藏北宋定窑酱釉斗笠式盏。

D: 21.2cm H: 7.8cm Bas: 7.1cm

▲ 日本东京国立博物馆馆藏北宋定窑酱釉盏

十世纪内白釉外酱釉直壁洗

A VERY RARE "DING" REDDISH-BROWN WATER POT
10th CENTURY

Ref: Compare a similar "Yue" water pot, Five Dynasties, excavated in Burial of Queen Ma's Tomb, Lin'an County, Zhejiang Province in 1980

晚唐、五代时期定窑盛行文房器，式样较多，有白釉和双色釉，造型有弧壁敛口，也有微撇口及直壁洗，双色釉不仅有酱釉，还有紫定，大多胎骨上薄下厚，胎骨与致密的，也有不太致密的。该洗就是在直壁洗的基础上，将微微外撇的高圈足切割掉，形成四个不加修饰的四足，也算是一种创新吧。参见临安出土的五代薄胎直壁洗，以及多件晚唐、五代双色釉直壁洗。

D: 21.3m H: 8.3cm d: 16.4cm

▲ 临安玲珑镇祥里村，五代天福四年，马氏皇后康陵出土越窑青瓷洗，临安文官会藏

73 十世纪内白釉外酱釉窑变斗笠式盏

A FINE AND RARE “DING” REDDISH-BROWN DISH 10th CENTURY

Ref: A similar celadon bowl，Five Dynasties，unearthed from Huangbao kiln in Tongchuan，Shaanxi Province

晚唐、五代时期定窑也有一种接近于笠式盏的造型，只是这种盏的两壁比较直，圈足较大，上薄下厚，有白釉也有双色釉，白釉有的还带有“尚食局”款，这种斗笠式盏与北宋的完全不一样，晚唐、五代的斗笠式盏高庄的开角一般在九十度上下，而北宋造型是经过晚唐、五代的演变，圈足不再宽大，而是流行小圈足。十世纪早期的圈足较高，北宋圈足也矮了，总体时代风格完全不同，而却与晚唐、五代定窑流行的“官”“新官”等带字款的白釉器十分吻合，时代特征相似，可以看出它们的时代风格和造型艺术相符，该件外酱釉釉色沉稳，且有局部窑变现象，釉面窑变处有局部微小的凹坑，这是定型晚唐时期的胎骨，五代以后不再有此现象。

D: 21.7cm H: 7.8cm d: 7.7cm

▲ 陕西铜川黄堡窑发掘出土五代青釉葵口盏

75 十世纪定窑酱釉如意形枕

A FINE RARE "DING" REDDISH-BROWN RUYI-SHAPED PILLOW 10th CENTURY

Ref: A similar "Ding" white ruyi-shaped pillow，10th Century

瓷枕据说始见于隋代，作为随葬品，到了唐代人们发现它的很多好处，便从阴间转到了阳间，也开始流行起来，器物也比隋代的大些，北宋时期最为流行，尺寸也更大些，到了金代有一米的。目前见到最多的当属宋代作品，这件十世纪的定窑酱釉产品是难得一见的，枕面呈如意形，整体施酱釉，胎骨细润坚硬，进入定窑胎骨的顶峰阶段，换句话说就是：晚唐、五代时期，釉质莹润、釉色纯正的酱釉瓷枕极为罕见，弥足珍贵。参见同时期定窑白釉如意瓷枕。

L: 25.5cm H: 14.5cm l: 17.4 × 16cm

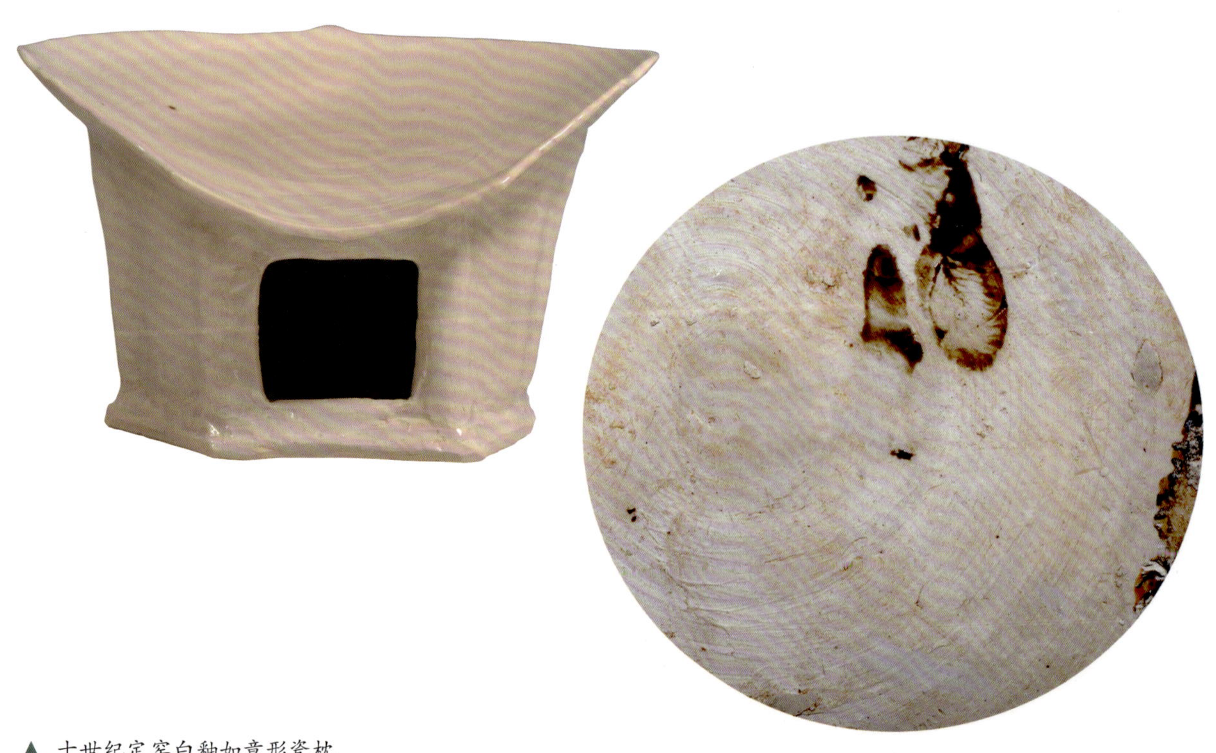

▲ 十世纪定窑白釉如意形瓷枕

76 十世纪内白釉外紫釉直壁洗

AN EXTREMELY RARE “DING” INSIDE WHITE OUTSIDE PURPLE WATER POT 10th CENTURY

Ref: Compare a similar “Ding” inside white outside brown water pot，10th Century

这件定窑直壁洗与1980年临安五代马氏王后墓出土的五代越窑青瓷洗十分接近，与前面介绍的一件内酱釉、外白釉的直壁洗从造型上是一样的，只是这件是内白釉、外紫釉作品。目前发现的几件“紫定”器物大都是内白釉、外紫釉作品，“紫定”自明代项元汴以后几乎就没有人再见过了，近三十年发现了紫定产品，见到的都是内白釉、外紫釉，纯内外紫釉的目前只有一件。“紫定”的釉质表面不像普通的釉那么光滑，洗呈直壁外撇口、下有一凸旋纹，为凹槽、唇边、微微外撇足，洗内饰白釉、外壁施紫釉，底足部分施釉，胎骨细腻按坚硬。参见同时代定窑内白釉外酱釉直壁洗。

H: 9.3m D: 21.7cm d: 15.6cm

▲ 十世纪定窑内白釉外酱釉直壁洗

77 十世纪定窑柿红釉高足碗

A FINE AND VERY RARE "DING" PERSIMMON-RED BOWL
10th CENTURY

定窑在晚唐至五代时期的胎骨由细棉向坚白转换，此时的胎骨细密坚实，但器物仍然多为较厚的胎，其实此时的胎骨从变形和伸展度都有了非常好的基础，为五代定窑打下来非常坚实的基础，当人们认识了这一点之后，五代的胎骨便开始坚薄了。这件胎骨尚厚的撇口高足碗源自晚唐、五代时期的过渡期，碗的口沿薄、底部厚实，外撇足壁仍然厚实，整体满施柿红釉，足底部分施釉，是件当时的经典佳作。

D: 15.8cm H: 4.9cm d: 5.8cm

十世纪定窑酱釉五瓣花口折腰盘

A VERY FINE AND RARE "DING" REDDISH-BROWN DISH 10th CENTURY

Ref: Compare a similar "Ding" white dish，Northern Song Dynasty，Beijing，the Palace Museum collection

所谓柿红釉是日本人起的名字，就是酱釉色泽艳丽者，北宋初期定窑的酱釉烧造到了巅峰阶段，釉色纯净而艳丽，釉质细腻而光滑，施釉均匀而平整，胎釉结合绝佳，胎骨细白而绵滑，前无古人，后无来者，是历代瓷器难以企及的，唯有明末清初胎骨可以相提并论。该花口盘呈五瓣葵口、折腰、平切式圈足，足端倒角、釉不及底边，足底部分施釉，制作之精巧，非北宋晚期、金代定窑能企及的，极为珍贵。

D: 16.8cm H: 2.6cm d: 5.2cm

▲ 北京故宫博物院藏北宋定窑白釉刻花折腰盘

81 十世纪定窑酱釉斗笠式盏

A RARE "DING" REDDISH-BROWN BOWL 10th CENTURY

Ref: Compare a similar bowl inscribed "Guan", Late Tang Dynasty

晚唐开始流行斗笠式盏，有五瓣花口与圆口不等，在八九世纪时，开始流行玉璧底足，斗笠盏开角较小，大约九十度左右，胎骨较厚，胎骨逐渐变薄，圈足也开始缩减，到了五代流行胎薄秀美的风格，一改唐代浑圆饱满的时尚，此时多流行双色釉定窑，五代开始慢慢减少双色釉器物，呈单色釉器。该件作品整体施酱釉，但造型依旧延续晚唐斗笠式盏的风格，而胎骨坚薄，形成了五代时期的秀美挺拔的风格。参见晚唐定窑五瓣花口斗笠式盏。

H: 10.1m D: 23cm d: 7.6cm

▲ 晚唐定窑五瓣花口"官"字款斗笠式盏

十世纪青釉铁斑直颈瓶

A RARE "DING" CELADON IRON PLAQUE VASE 10th CENTURY

Ref: Compare a similar celadon vase inscribed "Guan",
Northern Song Dynasty，The Freer Gallery of Art collection

定窑青釉器物不多见，胎土中特意留有铁斑的更是稀罕之物。这件十世纪青釉瓶的胎骨特意留有大小不等的铁斑，或是在胎骨表皮加上的铁斑。透过透明的青釉，可以清楚地看到胎骨的组成和铁斑，有一种特别的味道，这种定窑器物十分少有，不知道是有意识还是无意识形成的，总之别有一番味道，形成定窑的一个独特品种。

H: 13cm d: 5.4cm

▲ 南宋官窑弦纹纸槌瓶（正面），美国弗瑞尔美术馆藏品

83 十世纪双色釉瓜棱腹双耳撇口瓶

A FINE AND RARE “DING” REDDISH-BROWN BINAURAL “MELON” VASE 10th CENTURY

Ref: Compare a “Yue” binaural vase，Five Dynasties，Lin’an Museum（Zhejiang Province）collection

隋唐流行三系瓶、四系罐，到了晚唐、五代流行双系装饰，出现了双系耳瓶。这件双系耳瓜棱腹撇口瓶呈撇口、丰肩、下收腹、圈足，肩上两侧双片耳，内施白釉、外施酱红釉，施釉到足边，较宽厚的圈足，足壁微微外撇，足底露胎无釉，胎骨细腻微微泛灰，有局部窑裂，这种窑裂现象是唐代定窑的常见现象，虽然足底有小窑裂，但不影响整体器物的美观，仍不失为一件绝佳的精品。

H: 25.5cm d: 10.9cm d: 8.6cm

▲ 临安博物馆馆藏五代越窑青釉褐彩双系耳盘口瓶

十世纪内白釉外酱釉莲瓣纹葫芦瓶

A VERY RARE "DING" REDDISH-BROWN FORM GOURD VASE 10th CENTURY

Ref: Compare a "Ding" white glaze Bottle，10th Century

定窑葫芦瓶早在唐代早些时候就已经出现了，唐代至五代的定窑葫芦瓶多以素面为主，晚唐凸起的莲瓣纹在定窑器物上开始流行直到五代，北宋以后，尤其是十一世纪以后这种凸起的莲瓣纹装饰几乎见不到了。从这件葫芦瓶的造型拙中带巧，底部开始有部分露胎，以及凸起的莲瓣纹装饰推断，应该是十世纪中晚期的作品。该葫芦瓶呈五瓣花口、口下饰莲瓣纹、下腹中饰凸起的仰莲纹、圈足、足底部分施釉，内饰白釉、外饰酱釉、三点支烧。定窑色釉器物基本多以三点支烧烧造，有些器物底部不太明显，有些支点清晰可见，色釉器物的釉在高温下容易流淌，所以常常会与窑具粘连，为了避免与窑具粘连，定窑工匠们使用三点支烧法，既解决了不粘连的问题，又增加了底部的完美度。参见同时期定窑白釉仰莲纹葫芦瓶。

H: 21.5cm D: 3.9cm d: 9.2cm

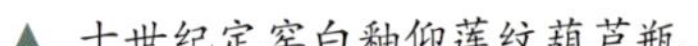

▲ 十世纪定窑白釉仰莲纹葫芦瓶

十世纪姜黄釉莲瓣圈砚滴

A RARE "DING" CELADON CHRYSANTHEMUM INK STONE
10th CENTURY

文房用具起源于南北朝时期，流行于唐宋，兴盛于明清，文房用具范围很广，除了文房四宝之外，还有笔舔、笔洗、水注、水盂（水丞）、水勺、砚滴、笔架、镇纸等等，明代又出现了臂搁、笔筒、书镇等器物。这件砚滴是比较少见的，它不光造型比较独特，釉色在定窑产品中也独具一格。造型呈微弧颈、圆腹、肩下有三道浅旋纹、外撇式菊花瓣纹、平底、底边有少部分粘砂、肩饰一小圆柱状流，施浅姜黄釉，造型类似"军持"，是件文案之上砚台边必备的砚滴。

H: 10.6cm L: 9cm d: 4.8cm

88 十世纪定窑双色釉窑变斗笠式盏

A FINE AND RARE "DING" DOUBLE COLOR GLAZE CONICAL BOWL 10th CENTURY

Ref: Compare a very similar "Ding" black glaze Bowl, The Palace Museum、The British Museum、The Metropolitan Museum collection

定窑的黑釉早在唐代就已经出现，但是产量极少，到了十二世纪时才出现较多的黑定，尽管这样，黑定的产量也占不到总产量的万分之一，今天流传下来的更是屈指可数。我们知道在世界各大博物馆馆藏的黑定窑变更是罕见，比如美国大都会博物馆馆藏定窑系黑釉斗笠盏（11—12 世纪），大英博物馆馆藏黑定斗笠盏（11—12 世纪），台北故宫博物院藏两件宋、金鹧鸪斑斗笠盏，日本旧藏曾经佳士得拍卖的所谓“天外飞天”盏，欧洲私人藏的两件十世纪的窑变斗笠盏和北宋褐釉盏，以及北京私人手里的一只，可能民间还有几只？可以看出定窑黑釉盏的存世量仅仅如此。

D: 15.3cm H: 5cm d: 4cm

▲ 市场上唯一露面的原万野博物馆馆藏，后经佳士得拍卖的北宋定窑黑釉鹧鸪斑笠式盏

十世纪定窑内白釉外酱釉双耳瓜棱腹盘口瓶

A FINE AND RARE “DING” REDDISH-BROWN BINAURAL VASE 10th CENTURY

Ref: Compare a “Yue” binaural vase，Five Dynasties，Lin’ an Museum（Zhejiang Province）collection

隋唐流行的三系瓶、四系罐，到了晚唐、五代变成了双系装饰，出现了双系耳瓶，双系罐，参见临安水邱氏墓出土的越窑双系耳褐彩绘祥云纹盘口瓶，以及十世纪白釉双系耳盘口瓶等。这件双系耳瓜棱腹盘口瓶呈盘口、丰肩、瓜棱腹、双片耳、宽厚圈足，仍然带有唐代厚胎遗风，施釉近圈足，内施白釉、外施酱红釉，足底局部施釉，胎骨细腻，微微泛灰的白胎，器物胎骨较厚，造型端庄，是件非常有时代特征的定窑杰作。参见浙江省临安博物馆藏五代越窑褐彩双系耳盘口瓶。

H: 27.5cm L: 16.8cm d: 8.6cm

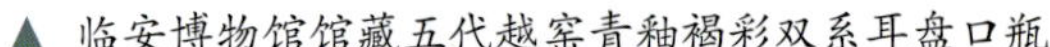

▲ 临安博物馆馆藏五代越窑青釉褐彩双系耳盘口瓶

十世纪内白釉外酱釉折沿盆

A RARE "DING" WHITE AND REDDISH-BROWN BOWL 10th CENTURY

Ref: Compare a gold and silver bowl，Han Dynasty，The Guimet Museum（France）collection

定窑折沿盘比较少见，折沿盘的造型源于汉唐错金银的铜器，参见法国吉美博物馆馆藏汉代错金银铜质折沿盘，汉代的盆有贴俯首装饰。这件十世纪的定窑双色釉折沿盆造型呈硬折沿、直腹下弧收、圈足，足底满釉，内施白釉、外施酱釉，釉不及底边，胎骨坚白，平切式足，胎釉烧结良好，是一件造型少见的定窑珍品。

D: 24.9cm H: 11.8cm d: 11.5cm

▲ 法国吉美博物馆馆藏战汉错金银铜折沿盆

93 十世纪定窑内白釉外酱釉盘口瓶

A VERY RARE "DING" REDDISH-BROWN VASE (MEIPING) 10th CENTURY

Ref: Compare a similar celadon vase, excavated in Hangzhou, Hangzhou Museum (Zhejiang Province) collection

梅瓶应该最早出现于隋代，定窑有唐代青白釉、双色釉盘口梅瓶，在中国其他十世纪的窑口目前还没有发现早过该造型的盘口梅瓶，北宋汝窑、南宋官窑、十二世纪的高丽青瓷的盘口梅瓶应该都是受到定窑产品的影响。定窑窑工们既继承传统，又善于创新，这种双色釉定窑早在隋唐时期已经有了非常成熟的产品，到了晚唐、五代更趋造型精巧、胎釉精良，造型更加丰富多彩。其实盘口器物早在五六世纪越窑青瓷上就有作品，但是把盘口移植到梅瓶上那还是定窑窑工们的首创。其造型呈盘口、短颈、丰肩、下收腹、内挖足，足底部分施釉，内饰白釉、外饰酱釉，釉色鲜艳浓美，造型精准，胎体呈上薄下厚状，圈足几近平切。我们看看杭州老虎洞南宋官窑出土的青釉盘口梅瓶与定窑十世纪盘口梅瓶造型上十分接近，再看看朝鲜十二世纪的高丽青瓷也与南宋官窑的造型异曲同工，都是受到定窑产品影响，从造型到尺寸都十分接近。

H: 24.5m D: 7.4cm d: 8.3cm

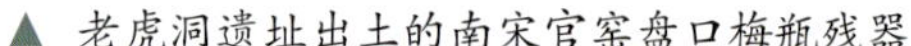

▲ 老虎洞遗址出土的南宋官窑盘口梅瓶残器

十世纪定窑青釉刻花执壶

A FINE AND VERY RARE “DING” CELADON CARVED FLOWER EWER 10th CENTURY

Ref: Compare a very similar “Ding” white carved ewer, 10th Century, The Guimet Museum (France) collection

葫芦瓶早在隋唐就已经出现，这在巩县窑、长沙窑、越窑等窑口都有产品问世，而葫芦执壶似乎没有早过唐代定窑产品了。这件定窑葫芦形执壶只是在葫芦瓶的原型上加了流和柄，这种造型的葫芦瓶在晚唐定窑就有出现，纹饰也与五代大葫芦瓶相似，微微带弧的流、片状卷柄加结带纹，把葫芦瓶改装成葫芦执壶，构思巧妙，整体施姜黄泛青的釉，胎骨坚薄微微泛灰的白胎，圈足。足底满釉，制作工整，是十世纪早期姜黄釉的杰出佳作，参见法国吉美博物馆馆藏十世纪定窑白釉剔花葫芦持壶。

H: 21.8cm L: 18cm d: 7.8cm

▲ 法国吉美博物馆馆藏北宋定窑剔刻花白釉持壶

95 十世纪定窑钧釉窑变釉执壶

A FINE AND VERY RARE "DING" FLAMBE-GLAZED EVER
10th CENTURY

Ref: Compare a similar white ewer，Liao Dynasty，Liaoning Museum Collection

十世纪钧釉执壶，壶为喇叭撇口，似笠式盏接于颈部，直颈，斜平折肩，鼓腹、浅而宽厚的圈足，肩上一侧饰微弯流，一侧饰折弯片柄，内施白釉，外施铜红窑变釉，釉层较厚，窑变出五光十色的绚丽结晶，足底无釉露胎。钧窑是青釉上的窑变，而定窑却是酱釉上的窑变，胎土细腻而棉，器足仍偶有因胎土锤炼不足出现的窑裂现象，定窑产品中的这种窑变极为罕见，这一发现为定窑又添一朵奇葩，钧釉品种的发现，为深入探讨定窑又开辟了新思路。

H: 25.8cm L: 19.8cm D: 9.5cm

▲ 辽宁省博物馆馆藏辽代杯口执壶

96 十世纪内白釉外酱釉盘口碗

A FINE "DING" WHITE AND REDDISH-BROWN BOWL
10th CENTURY

Ref: Compare a "Ding" similar white bowl，10th Century

十世纪定窑流行一种盘口碗，这种碗有双色釉器物，也有白釉刻花器物，造型呈盘口、弧腹下收、圈足。此时的胎骨已经非常坚硬，因此，胎骨较薄而不变形，施釉精准，内施白釉，外施酱釉，釉及圈足，足底有釉而被刮掉，足底留有不规则的旋削渣，虽胎骨白度不足，但已经不再施加白色化妆土，形成五代定窑的特有标志，这一造型也是此时独具特色的品种。参见十世纪定窑白釉刻花盘口碗。

D: 20.2cm H: 7.9cm d: 6.9cm

▲ 十世纪定窑白釉刻花盘口碗

十世纪定窑酱釉双系耳执壶

A VERY RARE "DING" REDDISH-BROWN EWER 10th CENTURY

Ref: Compare a similar ewer，Northern Song Dynasty，The Museum für Kunst und Gewerbe Hamburg（MK & G）collection

定窑瓷器进入五代时期已经是定窑胎骨的最巅峰，胎土的淘洗、陈腐及可塑性都已经到了极致，从唐代的厚重朴实渐渐走向轻巧秀美，这件十世纪早期的定窑柿红釉双系执壶就是一个极佳的实例。该壶呈盘口、小弧颈、流肩、圆腹、圈足，一侧饰一锥形流，肩下饰盘畅纹，另一侧饰片柄，中间两侧饰双系，平切式圈足，足底部分施釉，胎骨坚白，釉色艳丽，是一件极具时代特征的佳作。可参见受到定窑影响的北宋景德镇青白釉执壶，德国汉堡市博物馆馆藏宋代景德镇青执壶，以及同时期定窑白釉器等。

H: 22.1cm d: 8.9cm d: 9.4cm

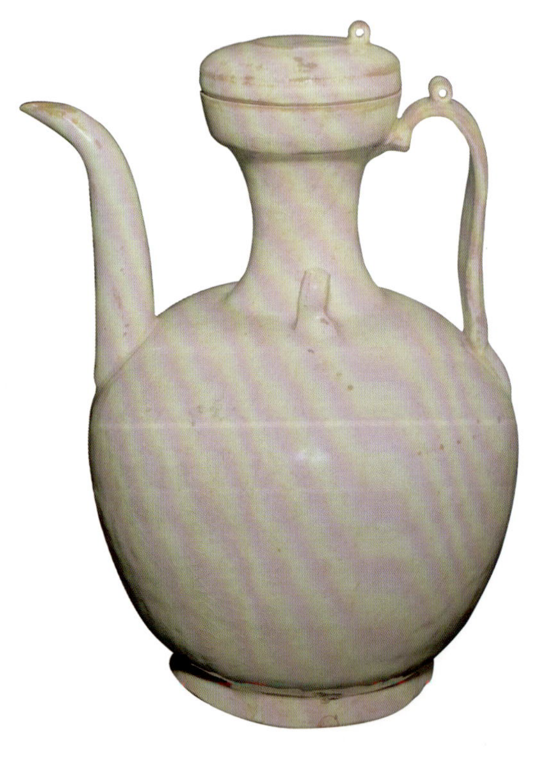

▲ 德国汉堡艺术和工艺博物馆（MK & G）馆藏北宋青白釉持壶

98 十世纪定窑酱红釉杯口执壶

A RARE "DING" PERSIMMON-RED EWER
10th CENTURY

Ref: Compare a very similar ewer,《Exploration Dingyao & Appreciation II》P167

十世纪定窑柿红釉杯口长颈执壶的造型较为少见，从辽代出土的器物中只发现了一件，现藏于辽宁省博物馆的黑釉杯口白釉刻花执壶与此壶造型一致，以及《定窑瓷器探索与鉴赏（下）》167 页的十世纪定窑钧釉壶一致。该壶内施白釉、外施柿红釉，釉不及底边，底足露胎无釉，胎骨延续晚唐胎骨仍然有干裂现象，釉色艳美少有窑变，是一件时代性很强的定窑柿红釉佳作。

H: 25.8cm L: 19.8cm d: 9.5cm

▲ 十世纪定窑钧釉杯口执壶
《定窑瓷器探索与鉴赏（下）》167 页

十世纪黑底点褐彩笠式碗

AN EXTREMELY RARE "DING" BLACK WITH BLACK SPOTS BOWL 10th CENTURY

Ref: Compare residual fragments，excavated in Quyang，Dingzhou，Hebei Province，Hebei Institute of Cultural Relics and Archaeology collection

北宋定窑以白瓷为主要产品，兼烧极少量的柿红釉、黑釉等其他有色品种，柿红釉、黑釉已经是非常稀少的产品了，柿红釉点彩、黑釉点彩那就是更加珍贵的品种了，极为罕见。以往在没有出土过残器的情况下，人们不认可这种品种的器物，近些年才陆续在河北曲阳遗址、定州以及丽水市“大水门”码头遗址出土了星星点点的残片，因此才被人们认可。这件北宋定窑黑釉点褐彩笠式盏是非常典型的北宋早期造型，圈足较高，标志着它的年代偏早，胎骨致密坚硬，略微有些气孔，釉质肥厚而凝重，褐色斑点随意点洒，经过炉火的熔融，又经千年的自然氧化，彩点的周围出现了蓝色荧光、自然磨损痕迹，是一件可遇不可求的北宋定窑上乘杰作。参见河北省文物考古研究院藏北宋黑釉褐彩盏。

D: 18cm H: cm

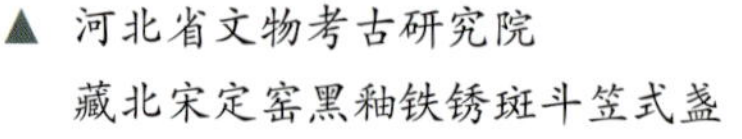

▲ 河北省文物考古研究院
藏北宋定窑黑釉铁锈斑斗笠式盏

100 十世纪柿红釉折沿直颈瓶

A VERY RARE "DING" PERSIMMON-RED STRAIGHT NECK VASE 10th CENTURY

Ref: Compare a similar "Ding" white vase，Northern Song Dynasty，The Palace Museum（Taipei）collection

十世纪早期胎釉仍然延续晚唐、五代的工艺特点，有些胎骨还没有那么纯净，多少还带一点细小的杂质，胎色也多偏暖色，釉质也较厚且带有微微的青色。由于使用柴木作为燃料，这件折沿直颈瓶仍然使用双色釉法，内施白釉、外饰柿红釉，釉色醇厚浓艳，造型规整端庄，平底露胎无釉，定窑双色釉折沿直颈瓶极为少见，参见台北故宫博物院藏北宋定窑白釉折沿直颈瓶。

H: 20.6cm d: 7.5cm d: 11.6cm

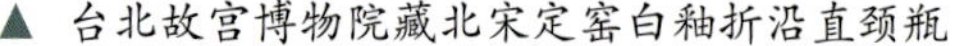

▲ 台北故宫博物院藏北宋定窑白釉折沿直颈瓶

103 北宋定窑酱釉矮梅瓶

A RARE "DING" REDDISH-BROWN VASE (MEIPING) NORTHERN SONG DYNASTY

Ref: Compare a reddish-brown vase, Northern Song Dynasty, Jintan Museum (Jiangsu Province) collection

梅瓶应该始见于六世纪，但极为罕见，唐宋还没有一个固定的形式，只是一种盛酒的器皿，口部多凸唇或折沿，有的圆些，有的折沿较大，只是为了扎紧瓶口而已。唐代的梅瓶秉承唐代"胖妞"风格，多数较为浑厚稳重，到了五代，梅瓶的造型虽然尚无定制，但是总体来看已经趋向俊俏苗条了，胎骨不断完善，胎壁也更加坚薄，晚唐、五代的定窑胎土已经达到了极致，既能薄而不变形，不破裂，堪称定窑巅峰之作。这件定窑酱釉梅瓶胎土坚薄，造型精准，釉色沉稳，整体施酱釉，釉不及底边，底足露胎无釉，是一件不俗的定窑酱釉佳作，参见日本东京国立博物馆馆藏北宋酱釉折沿口梅瓶。

H: 27cm D: 4.2cm L: 17.5cm d: 9.7cm

▲ 江苏镇江熙宁四年（1071年）光禄卿致仕章岷墓

104 北宋定窑酱釉折腰盘

A FINE "DING" REDDISH-BROWN DISH
NORTHERN SONG DYNASTY

Ref: Compare a "Ding" white carved flower dish，Northern Song Dynasty，The Palace Museum collection

北宋早期定窑胎骨仍然有个别比较厚一些的，但是胎骨的细密洁白度是非常高的，就如明末清初的糯米胎。该盘正是这种"糯米胎"，而且细腻洁白，坚而不韧，尽管该盘胎骨还比较厚，釉色没有北宋初期的那么艳丽，但是由于风化、久经风霜的内在美奠定了酱定的含蓄之美。该盘呈圆口、硬折腰、圈足、足底无釉露胎、胎骨较厚，上手有沉重的压手感，应该是十世纪早期的典型代表性作品。

D: 15.6cm H: 3.3cm d: 4.9cm

▲ 北京故宫博物院藏北宋定窑白釉刻花折腰盘

105 北宋定窑黑釉洗

A VERY RARE "DING" BLACK WATER POT NORTHERN SONG DYNASTY

Ref: Compare a "Yaozhou" brown bowl，Northern Song Dynasty

定窑的洗子到了北宋之后，造型就远不如晚唐、五代时期的丰富，而更多趋向于白釉花口刻花洗子，包括有压瓜棱腹花口、圆口等洗子。定窑早期的洗子多以造型取胜，或用双色釉，到了晚唐开始有在白釉上刻花缠枝花装饰的洗子，但是单色釉和双色釉仍然是主流趋势。北宋初期，洗子减少，到了北宋中晚期白釉花口、瓜棱腹、花口洗子增多，这件黑釉洗子是比较少见的品种，"黑定"不足白定的万分之一。该洗呈直壁下腹微凸、折收，下接一圈足，足底部分施釉，三点支烧作品，造型规整，烧结火候恰到好处，堪称北宋黑定的代表性杰作，极为罕见，北宋耀州窑酱釉碗的造型有些类似，黑定洗的口沿下微微收了一些。

D: 11.7cm H: 8cm L:13.3cm d: 7.7cm

▲ 北宋耀州窑酱釉碗

106 北宋早期柿红釉敛口碗

A RARE "DING" PERSIMMON-RED BOWL NORTHERN SONG DYNASTY

Ref: Compare a similar "Gongxian" black bowl，Tang Dynasty，Luoyang Museum（He'nan Province）collection

敛口碗早在唐代定窑就已经出现双色釉碗，晚唐至北宋也有少量产品，但是多以白釉面世，柿红釉的定窑敛口碗却是十分罕见。该碗呈敛口、弧腹下收、圈足，足内满釉，足壁内粘有细小砂粒，足底有小窑裂，典型的晚唐遗韵，具备坚而细白的胎骨、光润细滑的酱色釉，颜色艳美，让人赏心悦目，造型精巧、端庄大方，是一件非常精美的佳器。参见河南洛阳博物馆馆藏巩县窑黑釉敛口碗，以及前面介绍的唐代定窑双色釉敛口碗。

D: 16.5cm H: 7cm d: 4.8cm

▲ 河南洛阳博物馆馆藏唐代巩县窑黑釉敛口碗

107 北宋定窑窑变釉碗

A EXTREMELY RARE "DING" BROWN FAMBE BOWL NORTHERN SONG DYNASTY

Ref: Compare a bowl，Northern Song Dynasty，Hebei Institute of Cultural Relics and Archaeology collection

定窑晚唐至五代时期的酱釉器物上经常出现不规则的窑变现象，但多数属于局部现象，有些像豹皮斑，有些像鹧鸪斑，有些像满天星，浑然天成，非人为可以控制的，这些窑变纯属偶然，因此这些品种就更加珍贵，参见河北省文物考古研究院藏北宋定窑油滴碗，其造型与该件酱釉窑变釉碗基本一致。这件北宋定窑酱红釉碗的窑变奇特，有大小交错不规则的大理石纹理，如同花豹斑效果，黑色的斑斓影在柿红釉底上非常耀眼，这就是不可复制的艺术，绝代杰作，极为罕见，为定窑窑变釉增添了耀眼的光芒。

D: 13.8cm H: 5.8cm d: 5.3cm

▲ 河北省文物考古研究院藏北宋定窑油滴碗

北宋定窑柿红釉苹果尊

A VERY RARE "DING" PERSIMMON-RED VASE NORTHERN SONG DYNASTY

Ref: Compare a similar vase inscribed "Xin' guan",
Late Tang Dynasty,《Exploration Dingyao & Appreciation II》P103

苹果尊的造型流行于唐代，尤以晚唐定窑“新官”款为最，后有定州塔基出土的北宋初期作品，而北宋柿红釉作品目前仅此一件，虽然细节上与晚唐作品略有出入，但可以看出它们的演变过程，清代康熙年间苹果尊再度兴起，参见康熙豆青釉苹果尊。说叫苹果尊，这也是现代人的叫法，至于古代人叫什么？不得而知，其实就是个小口水盂，呈微撇口、流肩、圆腹下收、平切式圈足、内挖底，整器施柿红釉，釉质细腻光滑，釉色艳丽，足底满釉，足外侧有几粒粘砂，工艺精湛、胎釉烧结完美，是件极高端的北宋早期定窑文房精品，从釉色到造型，从工艺到胎质，无不体现出定窑工匠们高超的技艺和智慧的结晶。

H: 10.2cm D: 3cm L: 8.8cm d: 4.3cm

▲ 晚唐定窑白釉刻祥云纹“新官”款卷口瓶
《定窑瓷器探索与鉴赏（下）》103 页

110 罕见的北宋黑定中亚贵夫人像

A VERY RARE "DING" BLACK FIGURE NORTHERN SONG DYNASTY

Ref: Compare a similar black figure,《Exploration Dingyao & Appreciation II》P195

黑定极为罕见，不足定窑总产量的万分之一，定窑的瓷塑也是十分罕见，而黑定瓷塑就更为稀罕了，再加上此瓷塑雕塑的不是普通人，而是西域地区的贵妇人，这可是个新鲜事，尤其在那个伊斯兰教非常森严的时代，中亚妇女是不可以与外人接触的，那是犯大忌的事，而该贵妇还没有戴面纱挡住面孔，几个大忌啊，那是要处极刑的哦，不可想象这究竟是怎样的一个情况。可在北宋却留下了这么个独一无二的经典杰作，不能不让人感到当年的神秘。记得千禧年在荷兰有一只画春宫画面的顺治筒瓶打破了当时的世界纪录，也是因为在宗教严加防范的情况下依然还有犯忌的作品流传。参见《定窑瓷器探索与鉴赏（下）》195 页。

H: 13.3cm L: 3.3 × 3cm

▲《定窑瓷器探索与鉴赏（下）》195 页

111 北宋定窑黑釉盏

A RARE "DING" BLACK BOWL NORTHERN SONG DYNASTY

Ref: Compare "Dangyangyu" Kiln，Northern Song Dynasty，
The Oxford University Museum collection

黑定器物目前极少有发现唐代作品，除去唐代定窑围棋外，最早的要算五代黑定梅瓶，也就是说黑定是从十世纪开始流行起来的，而黑釉器物在唐代的鲁山段店窑等河南窑口都有发现。早期的黑定釉层较厚，孕育着五光十色的细小结晶于釉内，参见《定窑瓷器探索与鉴赏（下）》147 页，进入北宋后，黑釉渐渐较薄而细润光亮，有的黑如大漆，光可鉴人。这件盏釉层适中，釉厚处有细小橘皮纹，呈微微撇口、腹部微狐、圈足，足底局部抹釉，整体施黑釉，口沿部分微微泛酱褐色，施釉不及底边，细硬而白的胎骨，可视为北宋黑定标准器物，此时造型与各窑口类同，参见英国牛津大学博物馆馆藏北宋当阳峪窑撇口盏。

D: 12.2cm H: 4cm d: 5.6cm

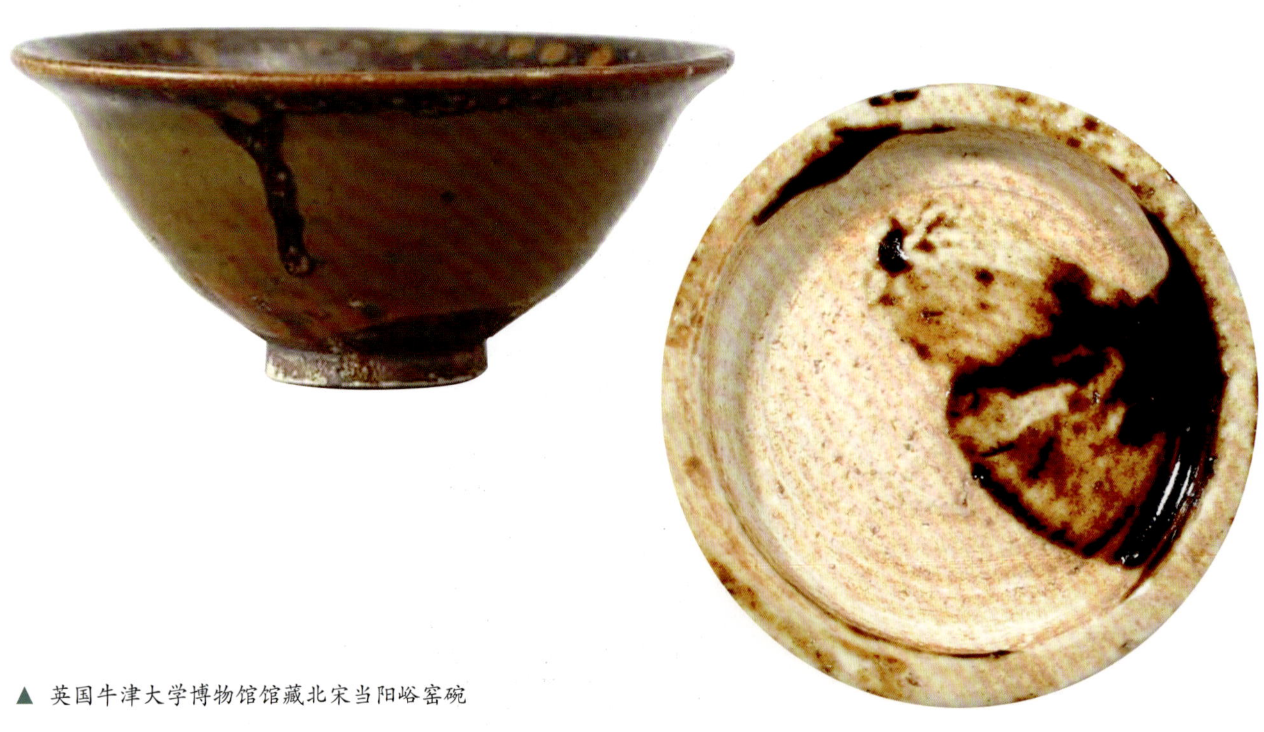

▲ 英国牛津大学博物馆馆藏北宋当阳峪窑碗

112 北宋定窑褐釉撇口刻蕉叶、花卉纹长颈瓶

AN EXTREMELY RARE “DING” BROWN CARVED “PEONY” VASE NORTHERN SONG DYNASTY

Ref: Compare a similar white vase，excavated in Jingzhi Temple in 1969

北宋定窑褐釉刻牡丹纹长颈瓶，定窑褐釉器到目前为止是首次发表，定窑的长颈瓶造型多样，在 1969 年河北定县静志寺塔基出土的仰莲纹长颈瓶，与该瓶造型近似，褐釉瓶制作规整，呈撇口、竹节颈、斜折肩、鼓腹下收、圈足、足底满釉，胎骨细腻洁白，釉质透明而薄，部分呈“泪痕”，肩上刻蕉叶纹，腹部刻牡丹纹。定窑褐釉在定窑产品中极为罕见，白釉褐彩时有所见，而完整单一的褐釉器却是不多，釉薄处呈较淡的棕褐色，流釉的泪痕明显，圈足内有细细的釉渣，与常见的白釉器圈足异曲同工，十为珍贵。

H: 16.8cm d: 5.6cm

▲ 1969 年，定州净志寺出土的仰莲纹长颈撇口瓶

113 宋金定窑酱釉鸡心罐

A FINE AND EXTREMELY RARE “DING” REDDISH-BROWN “CHICKEN HEART” JAR
SONG/JIN DYNASTY

Ref: Compare a “Jun” “chicken-heart” jar，Song Dynasty，Meiyintang (Europe) collection

鸡心罐我们知道的基本上都是宋金时期北方窑口的作品，以钧窑为主，尽管如此，传世量也是屈指可数的，目前传世的在各大博物馆及私人收藏的也不过区区十来件，偶有山西黑釉作品，目前南方尚未发现有产品，而该件定窑酱釉鸡心罐还是首次露面，这在宋金时期的北方窑口还是非常震撼的。该件造型规整，釉色艳丽，胎骨圈足略厚，旋削痕明显，测光可以看到不起眼的所谓“泪痕”，时代感、窑口特征十分明显，而且底足有三点支烧的痕迹，烧造工艺也符合定窑色釉常用三支钉支烧的特征，它代表的宋金定窑独特的工艺技术，目前发现最早的是隋代邢窑作品。总之，它给定窑又增添了一个极具代表性、独一无二的杰作。

H: 9cm L: 9cm d: 5.1cm

▲ 玫茵堂藏宋钧窑鸡心罐

116 北宋窑内白釉外酱釉梅瓶

A VERY RARE "DING" REDDISH-BROWN（MEIPING）
NORTHERN SONG DYNASTY

Ref: Compare a similar "Ding" vase（Meiping）,
The Metropolitan Museum of Art collection

北宋出现一种造型比较特殊的梅瓶，这种造型的梅瓶有两种釉色，一个是酱釉，一个是白釉，酱釉者极为少见，就目前知道的有美国大都会博物馆藏有一件，日本一家博物馆有一件，江苏常州金坛区博物馆有一件，还有曾出土的残器一件，全世界也就三五件，造型大同小异，略有高矮，一般尺寸在二十厘米出头，大的三十厘米出头，该件属于大号的，釉色纯正，略带起伏不平，造型规整，胎骨洁白，足底施满釉，内施白釉，有唐代梅瓶返祖现象，是一件比较经典的北宋定窑酱釉梅瓶，传世完整器也就三四件，极为罕见。

H: 30.2cm D: 9.1cm d: 7cm

▲ 美国大都会博物馆馆藏北宋定窑酱釉梅瓶

117 北宋定窑褐釉印婴戏纹碗

A FINE AND VERY RARE "DING" BROWN MOULDED "CHIDREN & POMEGRANATE" BOWL
NORTHERN SONG DYNASTY

Ref: A very similar bowl，The Palace Museum（Taipei）collection，
《Exploration Dingyao & Appreciation II》P175

北宋定窑褐釉印婴戏纹碗，釉面细腻光亮，釉呈褐色，碗外釉呈褐、黑、紫自然交融色，属于北宋晚期覆烧法烧造，底施满釉。这种釉色极为罕见，品种在定窑产品中称逸品，存世色艳者就不足十件。婴戏图案的题材是典型北宋中、晚期现实生活的真实写照，是最流行的图案之一，是当时人们的祝愿与祈盼，纹饰寓意瓜蒂延绵、子孙万代。可参照台北故宫博物院 017722 号藏品白釉印婴戏石榴纹，定窑褐釉印花器物带“少”字款，虽目前不能确定其意义，但该件作品极其精良，旷世无双。

D: 19cm H: 6.2cm d: 5.9cm

▲ 台北故宫博物院藏白釉印婴戏石榴纹

121 北宋金定窑内酱釉外白釉菊瓣式折沿盘

A VERY RARE "DING" REDDISH-BROWN CHRYSANTHEMUM PETAL DISH NORTHERN SONG/JIN DYNASTY

Ref: Compare a similar "Ding" white chrysanthemum petal dish

菊瓣式折沿盘流行于北宋晚期、金代，常见有印花等各种装饰性图案，大小皆有，大的近一尺，小的十厘米上下，纹饰多引用织锦图案，密而不乱，该折沿盘做工规整，印纹清晰，应该是头模作品。东京国立博物馆馆藏金元定窑白瓷印花瓶花纹轮花皿与此类同，与很多反复翻印纹饰模糊不清的作品截然不同，参见北京故宫博物院藏同类印花折沿盘，从及台北故宫博物院藏同类印花折沿盘。这件菊瓣式折沿盘印的牡丹纹，仍然延续隋唐以来双色釉风格，釉色发色艳丽，正面施柿红釉、反面施白釉、小圈足、覆烧，做工精巧规整，被视为北宋晚期、金代早期的经典作品。

D: 13.5cm H: 1.7cm d: 8.8cm

▲ 日本东京国立博物馆馆藏金元定窑白瓷印花瓶花纹轮花皿

北宋金定窑内白釉外酱釉莲瓣纹大碗

A FINE AND RARE "DING" INSIDE WHITE OUTSIDE REDDISH-BROWN CARVED LOTUS PETALS WATER POT NORTHERN SONG/JIN DYNASTY

Ref: Compare a similar "Ding" white carved lotus bowl,
The British Museum Collection

定窑莲瓣纹大碗流行于北宋至金初，稍早的大碗多延续唐代深腹碗的形式，只是碗的深度远不如唐代的深腹碗深，但是曲线仍然是唐代深腹碗的曲线，外口沿多有一不太高的凸边，碗外饰莲花瓣纹较为立体。到了北宋晚期、金代，碗的造型有所变化，原来略垂直或内微弯的碗口变成了微微外撇的碗口，莲花瓣也不再那么凸显，碗内刻划的肥大的游鱼水草纹变成了瘦弱的游鱼纹或折枝莲花纹，时代的审美取向随着动荡的社会逐步改变。该大碗正处于北宋晚期至金代，碗外饰的仰莲纹已经不太明显，内饰折枝莲花纹，但是在这动荡的时代，窑工们还能做出这般精美的双色釉器物实乃不易，它代表了北宋晚期至金代的早期高超的工艺水平，仍然不比北宋的逊色。

D: 23.8m H: 9.2cm d: 10.9cm

▲ 英国大英博物馆馆藏宋代定窑莲花瓣纹大碗

123 金代定窑姜黄釉刻花梅瓶

A VERY RARE "DING" TURMERIC CARVED FLOWER VASE（MEIPING）
JIN DYNASTY

Ref: Compare a plum bottle，Tang Dynasty，Luoyang Museum（Henan Province）collection

定窑金代产品中有一种姜黄釉器物，其实姜黄釉在唐代就已经有了，只是五代、北宋不太流行而很少有产品问世，金代的姜黄釉作品与唐代姜黄釉作品的制作方式大体类同，都是在素胎上加饰白色化妆土，再上釉，而金代的姜黄釉比唐代的要更偏青一些。这件金代姜黄釉刻花梅瓶可以代表金代同时期姜黄釉作品的水平，梅瓶呈小唇口、断颈、丰肩、腹下渐收、内挖足、足底部分施釉，肩部刻花两道旋纹、主题纹饰刻花缠枝花卉、下用两道旋纹分割，唐宋梅瓶的纹饰都是三层图案，分肩部、主纹饰及下面的辅助纹，到了金代不但纹饰趋于简单，而且也只剩下主纹饰了，肩部和下面辅助纹都只用双旋纹所代替了，即便这样，这件金代的姜黄釉梅瓶也是极为罕见的，它也是金代代表性杰作，造型与洛阳博物馆馆藏唐代巩县窑梅瓶十分接近。

H: 22.2cm D: 5.7cm d: 8cm

▲ 河南洛阳博物馆馆藏唐代巩县窑梅瓶

124 金代定窑刻缠枝莲纹姜黄釉玉壶春瓶

A FINE AND VERY RARE "DING" TURMERIC CARVED "LOTUS" VASE（YUHUCHUNPING） JIN DYNASTY

Ref: Compare a similar black vase，Jin Dynasty，auctioned by Sotheby's Hong Kong

金代的玉壶春瓶比起唐宋时期的玉壶春瓶造型上就没那么秀美了，定窑玉壶春瓶自唐代出现，经过五代、北宋再到金代，整个脉络可以说是从秀巧到呆板。虽然玉壶春瓶在唐宋时期造型上没有形成统一共识，造型多有不同，但总的脉络是清楚的，晚唐的虽胎略厚重，造型却秀美，参见《定窑瓷器探索与鉴赏（下）》105 页晚唐玉壶春瓶、190—193 页北宋玉壶春瓶，以及天津博物馆馆藏北宋白釉玉壶春瓶，可以看出从细长颈到短粗颈，从垂梨腹到茄子腹的演变过程，唐宋的玉壶春瓶只有一个主题纹饰，到了金代肩部习惯性加了两道旋纹，缠枝花卉纹也潦草了许多，该件玉壶春瓶造型尚且规整，胎釉烧结尚且完善，釉下白色化妆土明显，釉质细腻光亮，可以代表金代姜黄釉玉壶春瓶的最高水平，况且姜黄釉作品极为稀有，故仍然是件极为难得的艺术珍品。

H: 25.3cm D: 6.8cm d: 7.5cm

▲ 香港苏富比拍卖的金代黑定玉壶春瓶

125 金代定窑姜黄釉双耳线条罐

A RARE "DING" TURMERIC JAR
JIN DYNASTY

Ref: A similar black glaze jar，Jin Dynasty，The Metropolitan Museum of Art collection

定窑姜黄釉器物到了金代已经不如晚唐了，胎体不再是细润绵滑的白胎，而是泛青灰色的灰胎，并在釉下施有白色化妆土，釉质虽然细腻但有杂质，常常有细小颗粒及破泡。该双耳线条罐明显受到磁州窑黑釉线条罐的影响，虽不是沥线纹饰，却沿用定窑初唐独特的刻划线条装饰，呈直颈、鼓腹、双片耳，圈足，釉不及底，足底露胎，体现了这一时期独特的风格。

H: 13.8cm D: 10.3cm d: 8.5cm

▲ 美国大都会博物馆馆藏金代黑釉线条罐

126 北宋定窑绿釉双耳罐

A VERY RARE "DING" GREEN GLAZED BINAURAL JAR NORTHERN SONG DYNASTY

Ref: Compare a black jar，Jin Dynasty，unearthed in Heibi City in 1976

定窑绿釉自二十世纪五十年代遗址出土一片高温胎龙纹绿定之后，就一直没有解密，定窑绿釉分四种胎骨即：瓷胎、低温胎、缸胎及绞胎，除缸胎外，其他的都十分少见。而缸胎近年出土不少，多为金代瓷枕，也发现有其他造型的（参见《定窑瓷器探索与鉴赏（上）》第二章第二节，定窑绿釉），目前也很难寻到。该件低温胎双耳罐造型流行于北宋晚期、金代，与1976年鹤壁市四矿工人村发掘出土的金代黑釉线条罐相似，与该作品造型类同，所谓低温胎就是古董界称之为"饼干胎"者。该罐呈小直颈、丰肩、圆腹、下接一圈足、肩上饰片状双耳，器物内里及底足均露胎无釉，三点支烧，造型时代感较强。

L: 10cm H: 7.8cm d: 5.4cm

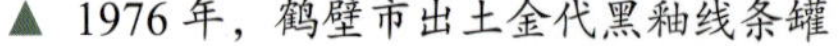

▲ 1976年，鹤壁市出土金代黑釉线条罐

127 金代姜黄釉剔刻花叶纹罐

A FINE AND RARE "DING" CARVED FLOWER JAR JIN DYNASTY

Ref: Compare a similar "Ding" white jar，Five Dynasties，《Exploration Dingyao & Appreciation II》P175

金代姜黄釉剔刻花叶纹罐，造型沿袭晚唐与五代时期，呈唇口、折肩、圆腹、浅灰胎体、胎体表面施釉化妆土，较宽的类玉环底足，底足部分施釉，肩上刻划菊瓣纹，腹部剔刻花叶纹，刀法犀利，剔刻适度，釉质细腻，足底有明显的护胎化妆土，参见《定窑瓷器探索与鉴赏（下）》156 页的五代白釉剔花罐，以及法国吉美博物馆馆藏北宋耀州窑青釉剔花罐。

H: 16.4cm D: 8.4cm d: 8.1cm

▲ 五代白釉剔花罐

《定窑瓷器探索与鉴赏（下）》156 页

128 金代姜黄釉剔刻花盖罐

A FINE AND RARE "DING" TURMERIC CARVED FLOWER JAR AND COVER JIN DYNASTY

Ref: Compare a similar white jar and cover inscribed "Guan", 10th Century

姜黄釉早在唐代定窑就有烧造，但是没有流行起来，后来北宋晚期、金代初期又开始流行，虽然产品不多，但制作的还算精致，釉色呈姜黄色，有琢器也有圆器，琢器类大多还算精致，圆器类尺寸越做越大，有些大盘四十多厘米，可能是釉与胎骨不合？什么原因还不得而知，甚至施釉后很多地方都会有漏釉现象，有些漏釉能达到20%左右，实在成废品，而琢器类上有一些不错的作品传世，虽然圈足露胎较多，但也还过得去。

H: 18.6cm D: 18cm d: 6.7cm

▲ 十世纪定窑莲瓣纹"官"字款盖罐

129 金代定窑黑釉沥线罐

A RARE "DING" BLACK GLAZE STRIPES JAR JIN DYNASTY

Ref: Compare a "Cizhou" black glaze jar，Northern Song Dynasty，Tokyo National Museum collection

到了北宋晚期、金代，定窑黑釉沥线才开始出现，这个品种也是近几年才被发现的，以往不知道定窑还有这个品种，基本上都往磁州窑上靠，由于近几年曲阳、定州不断发现新品种，诸如定窑钧釉、定窑绞胎、定窑姜黄釉、定窑黑釉沥线等，不断刷新定窑品种，迫使我们不断更新我们固有的认识基础。这件金代的黑釉沥线罐呈敛口、圆腹、腹外面饰栃线纹装饰、圈足，釉不及底边，足底露胎。这种缸胎流行于北宋晚期、金代，常见的有缸胎绿釉瓷枕、瓶等，多数都加饰白色化妆土，由于黑釉之故，所以这件不需要化白色妆土，它代表了此时期定窑的一个独特品种，参见日本东京国立博物馆藏北宋磁州窑黑釉沥线罐。

H: 10.2cm D: 10cm d: 7.5cm

▲ 日本东京国立博物馆馆藏北宋磁州窑黑釉沥线罐

130 金元定窑绿釉罐

A VERY RARE "DING" GREEN GLAZE JAR JIN/YUAN DYNASTY

Ref: Compare a black jar，Yuan Dynasty，unearthed in Zizhou County，Shaanxi Province

绿定之谜延续了半个多世纪，随着不断探索，终于揭开了绿定的面纱，《定窑瓷器探索与鉴赏（下）》193 页的北宋绿定刻缠枝莲玉壶春瓶就是高温瓷胎，是一件典型的绿定标准器，而这件罐也是高温胎、低温绿釉器。目前为止，高温胎绿定不足五件。绿釉皮囊壶是缸胎，高温胎绿定是在高温素烧后，再上低温绿釉烘烤，这一技术一直沿用到清代，景德镇的绿釉都是这么烧出来的。而绿定器物都是施满釉，高温胎烧好后，再用三点低温支烧而成，因为施釉技术还不足以准确到施釉到足边。这件罐的造型已经接近元代罐的造型，与北宋的罐造型不同，因此，是件金代绿定的代表性作品。参见 1981 年陕西省子洲县何集乡苗家沟出土的元代山西窑黑釉褐彩罐，现由陕西省榆林市子洲县文物管理所藏。

D: 16cm H: 11.5cm d: 9.2cm

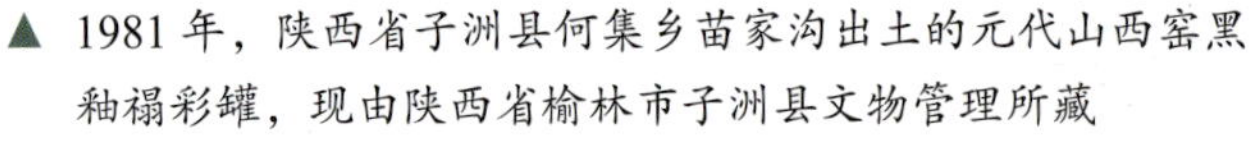

▲ 1981 年，陕西省子洲县何集乡苗家沟出土的元代山西窑黑釉褐彩罐，现由陕西省榆林市子洲县文物管理所藏